现代经济管理与
会计实践研究

王　曼　辜子芮　王启玲　著

经济日报 出版社

图书在版编目(CIP)数据

现代经济管理与会计实践研究 / 王曼,辜子芮,王
启玲著. -- 北京:经济日报出版社,2024.5
　　ISBN 978-7-5196-1446-1

　　Ⅰ.①现... Ⅱ.①王... ②辜... ③王... Ⅲ.①经济管
理－研究②会计学－研究 Ⅳ.①F2

中国国家版本馆 CIP 数据核字(2024)第 013354 号

现代经济管理与会计实践研究

XIANDAI JINGJI GUANLI YU KUAIJI SHIJIAN YANJIU

王　曼　辜子芮　王启玲　著

出　　　版:经济日报 出版社

地　　　址:北京市西城区白纸坊东街 2 号院 6 号楼 710(邮编 100054)

经　　　销:全国新华书店

印　　　刷:北京建宏印刷有限公司

开　　　本:710mm×1000mm　1/16

印　　　张:10

字　　　数:135 千字

版　　　次:2025 年 1 月第 1 版

印　　　次:2025 年 1 月第 1 次印刷

定　　　价:58.00 元

本社网址:www.edpbook.com.cn　　微信公众号:经济日报出版社

本社法律顾问:北京天驰君泰律师事务所,张杰律师　举报信箱:zhangjie@ tiantailaw.com

举报电话:010-63567684

本书如有印装质量问题,请与本社总编室联系,联系电话:010-63567684

前言

随着信息时代和经济全球化新经济格局的形成,企业经济管理对于新形势下的企业而言尤为重要。企业要形成真正的核心竞争优势,在激烈的市场竞争中立于不败之地,就必须跟上世界经济发展的步伐,进行企业经济的创新管理,从而提高市场占有率。而经济管理的有效运行离不开会计,会计也随着经济管理的发展而发展。会计的产生和发展都与经济管理活动有关,会计作为企业经济管理的核心,不仅以其特殊的方法手段为企业的经济管理提供有效的决策参考,而且能以其反映、监督、控制的职能来调控、指导企业经济管理活动运行,保证企业的经济管理活动合法有效地进行。随着社会经济的发展,现代经济管理与会计的理论及方法在经济管理的作用已被人们充分认识,日益成为企业管理中不可或缺的重要手段,其应用范围也越来越广泛。

本书较为系统地研究了现代经济管理与会计实践,在现代经济管理概述的基础上,对建立适应市场经济体制的会计工作概述、现代经济管理中的成本管理分析、现代经济管理中的财务报告分析、现代经济管理中的企业经营策略分析以及现代经济管理与会计实践的融合发展研究等进行具体阐述。全书从理论和实践两个层面对现代经济管理与会计进行了系统研究,并且给出了一些企业经济管理方面的实践举措。

在本书的撰写过程中,作者参阅了大量的相关著作和文献,在此向其作者表示诚挚的感谢和敬意,同时也请对写作工作中的不周之处予以谅解。由于作者水平有限,编写时间仓促,书中难免会有疏漏不妥之处,敬请广大读者批评指正。

目录

第一章 现代经济管理概述

第一节 现代经济管理概述

一、经济管理的性质

经济管理是指管理者或管理机构为了达到一定的目的,对社会经济过程进行预测、决策、计划、控制和监督等各项实践活动的总称。经济管理是人们进行共同劳动的客观要求。经济管理是一个庞大而复杂的系统,是一个统一的有机整体。经济管理具有二重性,即自然属性和社会属性。自然属性是指经济管理反映协作劳动、社会化生产和生产力发展需要的性质,是经济管理的共性;社会属性是指经济管理反映社会生产关系发展需要的性质是经济管理的个性。经济管理的二重属性是同一管理过程的两个不同方面。管理的二重性是由生产的二重性决定的。

二、现代管理的基本原理

现代管理的基本原理是人们在长期的企业管理实践中总结出来的,具有普遍意义的管理工作的基本规律。它是对企业管理工作客观必然性的揭示,对企业管理者的管理活动具有指导性和规范性。企业管理者如果违背了管理的基本原理,就会受到客观规律的惩罚,就要承受严重的损失。

(一)系统原理

所谓系统,就是由相互作用和相互依赖的若干部分(要素或子系统)结合而成的、具有特定功能的,并处于一定环境中的有机集合体。系统是普遍存在的,从不同的角度划分,系统可分为不同的类型。

任何管理对象都是一个特定的系统。现代管理的每一个基本要素都不是孤立的,它既在自己的系统之内,又与其他系统发生各种形式的联系。为了达到现代科学管理优化的目的,必须对管理进行充分的系统分析,这就是现代管理的系统原理。

运用系统原理研究管理问题,必须明确的问题包括:系统由哪些要素组成;系统内外部之间的作用方式和联系方式;系统及其要素具有的功能;系统的生产、发展过程对现存系统的影响以及发展的趋势;维持、完善与发展系统的源泉和因素;完善系统功能的途径。

管理的决策和措施就是建立在上述的系统分析基础之上的,其中特别重要的是要把握好系统的四个特性,即目的性、整体性、层次性、环境适应性。

(二)人本原理

所谓人本原理,是指一切管理活动均应以调动人的积极性,做好人的工作为根本。在我国社会主义现代化建设中,必须遵循人本管理原理,从保护人的根本利益出发,尊重人的合理意愿,维护人的基本权益,促进人的全面发展,采取各种有效措施,只有把各级各类管理人员和所有劳动者的积极性、主动性和创造性充分调动起来,才能实现奋斗目标。因此,现代管理中正确运用人本原理,应注意把握三点:一要建立适宜的体制,二要创造良好的环境,三要树立正确的人才观,积极促进人才流动。

(三)责任原理

在管理活动中,要在合理分工的基础上明确规定每个部门和个人必须完成的工作任务并承担相应的责任,同时要处理好责任、权力、利益之间的关系。管理过程就是追求责任、权力、利益统一的过程。责任、权力、利益是三角形的三个边,是相等的,能力是等边三角形的高。在实际管理中,能力略小于职责,从而使工作富有挑战性。这样,管理者的能力与其所承担的职责相比,常有能力不够的感觉,会使管理者产生一种压力,从而促使其加强学习,不断学习新知识,发挥参谋、智囊的作用。

(四)效益原理

管理活动的出发点和归宿在于利用最少的投入或消耗创造出更多更好的效益,对社会作出贡献。"效益"包括"效率"和"有用性"两个方面,前者是"量"的概念,反映耗费与产出的数量比;后者属于"质"的概念,反映产出的实际意义。效益表现为量与质的综合,社会效益与经济效益的统一,其核心是价值。效益原理强调千方百计追求管理的更多价值。追求的方式不同,所创造的价值也不同,一般表现包括:耗费不变而效益增加;耗费减少而效益不变;效益的增加大于耗费的增加;耗费大大减少而效益大大增加。显然,最后一种是最理想的目标。为了实现理想的管理效益,必须大力加强科学预测,提高决策的正确性,优化系统要素和结构,深化调控和评价,强化管理功能。

(五)创新原理

创新是组织要根据内、外环境发展的态势,在有效继承的前提下对传统的管理进行改革、改造和发展,使管理得以提高和完善的过程。创新原理是对现有事物构成要素进行新的组合或分解,是在现有事物基础上的进步或发展,发明或创造。创新原理是人们从事创新实践的理论基础和行动指南。创新虽有大小、高低的层次之分,但无领域、范围之限。只要能科学地掌握和运用创新的原理、规律及方法,人人都能创新,事事都能创新,时时都能创新,处处都能创新。

(六)可持续发展原理

可持续发展既不是单指经济发展或社会发展,也不是单指生态持续,而是指以人为中心的自然—经济—社会复合系统的可持续。可持续发展是能动地调控自然—经济—社会复合系统,使人类在没有超越资源与环境承载能力的条件下促进经济发展,保持资源永续和提高生活质量。可持续发展没有绝对的标准,因为人类社会的发展是没有止境的。可持续发展反映的是复合系统的动作状态和总体趋势。它包括生态持续、经济持续和社会持续,它们之间互相关联且不可分割。孤立追求经济持续必然导致经济崩溃;孤立追求生态持续不能遏制全球环境的衰退。生态持续是基础,经济持续是条件,社会持续是目的。人类共同追求的应该是自然—经济—社会复合系统的持续、稳定、健康发展。

(七)动力原理

所谓动力原理,就是指管理必须有很强大的动力,而且只有正确运用动力,才能使管理持续而有效地运行。

管理的动力大致有三类,即物质动力、精神动力和信息动力。物质动力是管理中最根本、最重要的动力,是通过利用人们对物质利益的追求,对经济活动实施管理;精神动力是用精神的力量来激发人的积极性、主动性和创造性;信息动力是通过信息的交流所产生的动力。

现代管理中正确运用动力原理,应注意把握三点:一要综合、协调运用各种动力,二要正确认识和处理个体动力和集体动力之间的辩证关系,三要在运用动力原理时重视"刺激量"这个概念。

(八)能级原理

现代管理中,机构、人员的能量有大小之分,当然也就可以分级。所谓分级,就是建立一定的秩序、规范和标准。现代管理的任务就是建立一个合理的能级,使管理的内容动态地处于相应的能级之中。这就是现代管理的能级原理。现代管理中科学运用能级原理,应注意把握三点:一是能级管理必须按层次进行,并且有稳定的组织形态,二是不同的能级应表现出不同的责任、权力、物质利益和精神荣誉,三是各类能级必须动态地对应。

(九)时空原理

所谓时空原理,是指现代管理是在一定的时间和空间内进行的,只有充分地把握时空变化情况,科学地、合理地、高效地利用时间和空间,才能取得管理的高效益。

由于时间空间的变化与运动着的物质状态密切联系,所以,在现代管理中观察任何事物运动的时候,就一定要注意其时空变化,一般时空变化的情况包括四点:一是系统结构随时间的变化而变化;二是系统结构随着空间的变化而变化;三是系统运动状态变化的速度与时间空间的变化是一致的;四是时空与空间可以变换。

第二节　现代经济管理的内容与方法

一、经济管理的内容

经济管理是一门涉及社会生产关系的复杂学科,它涵盖了计划、组织、指挥、调节和监督等多个方面。具体来说,经济管理层是指管理者为了实现特定的目标,对社会经济活动进行的全过程的组织和管理。这一过程包括但不限于制订计划组织和实施生产经营活动以及进行必要的调控和监督。在经济学和管理学的交叉领域中内,经济管理不仅关注组织的经济效益,还涉及如何最有效地调配和使用各种资源,以达到既定的生产和经营目标。经济管理是一个多维度的概念,它融合了经济学和管理学的理论和实践,旨在通过有效的管理和规划来实现资源的优化配置和社会生产力的提升。

(一)对人力的管理

人力资源有狭义和广义之分,从狭义上讲,人力资源是指一个国家或地区在一定时期内所拥有的处在劳动年龄阶段、具有劳动能力的人口。从广义上讲,人力资源是指一个国家或地区在一定时期内客观上所存在的人口,包括在该时期内有劳动能力的人口和无劳动能力的人口。研究人力资源要防止表面化和简单化,要对人力资源进行全面的、动态的研究。

人力资源的特点包括:能动性和创造性、时效性和连续性、动态性和消费性、再生性和适度性。

我国搞好人力资源开发与管理工作应采取的措施包括:发展教育事业,提高人口质量;广开就业门路,以创业带动就业,发挥人力资源潜力;建立人力资源开发的市场机制,达到人尽其才;挖掘企业劳动者潜力,充分调动其生产积极性。

现代人力资源管理的基本原理如下。

1. 同素异构原理——总体组织系统的调控机制

同素异构原理一般是指事物的成分因在空间组合关系和方式的不同,即在结构形式和排列次序上的不同,会产生不同的结果,引起不同的变化。例如,在群体成员的组合上,同样数量和素质的一群人,由于排列组合不同而产生不同的效应;在生产过程中,同样人数和素质的劳动力因组合方式不同,其劳动效率高低也不同。同素异构是化学中的一个重要原理,最典型的例子就是金刚石与石墨,其构成是同样数量的碳原子,但由于碳原子之间在空间上的排列方式与组合关系的不同,形成了在物理性质上存在极为明显差别的两种物质:金刚石坚硬无比,而石墨却十分柔软,在色泽与导电等方面两者也迥然不同。通过观察金刚石与石墨两张元素结构图,就足以证明企业人力资源管理同素异构原理的科学性与现实性。在组织中同样一群人,由于领导者与被领导者组合排列方式上的差别,会产生不同的结果。由此可以说明构建完善组织系统的动态调节机制的重要意义。根据这一原理,企业必须建立有效的组织人事调控机制,根据企业生产经营的需要,重视组织内部各种信息的传递和反馈,不断地对组织与人员结构方式进行调整,以保证系统的正常运行。

2. 能位匹配原理——人员招聘、选拔与任用机制

能位匹配原理是指根据岗位的要求和员工的能力,将员工安排到相应的工作岗位上,保证岗位的要求与员工的实际能力相一致、相对应。"能"是指人的能力、才能,"位"是指工作岗位、职位,"匹配"是一致性与对称性。企业员工聪明才智发挥得如何,员工的工作效率和成果如何,都与人员使用上的能位适合度成函数关系。能位适合度是人员的"能"与所在其"位"的配置程度。能位适合度越高,说明能位匹配越合理、越适当,即位得其人、人适其位、适才适所,这不但会带来高效率,还会促进员工能力的提高和发展,反之亦然。根据这一原理,企业必须建立以工作岗位分析与评价制度为基础,运用人员素质测评技术等科学方法甄选人才的招聘、选拔、任用机制,从根本上提高能位适合度,使企业人力资源得到充分开

发和利用。

3.互补增值、协调优化原理——员工配置运行与调节机制

互补增值、协调优化原理是充分发挥每个员工的特长,采用协调与优化的方法,扬长避短,聚集团体的优势,实现人力、物力和财力的合理配置。人作为个体,不可能十全十美。而作为群体,则可以通过相互结合、取长补短,组合成最佳的结构,更好地发挥集体力量,实现个体不能达到的目标。在贯彻互补原则时,还应当特别注意主客观因素之间的协调与优化。所谓协调,就是要保证群体结构与工作目标相协调,与企业总任务相协调,与生产技术装备、劳动条件和内外部生产环境相协调。所谓优化,就是经过比较分析,选择最优结合方案。互补的形式是多层次、多样化的,如个性互补、体力互补、年龄互补、知识互补、技能互补、组织才干互补、主客观环境和条件互补等。

4.效率优先、激励强化原理——员工酬劳与激励机制

效率优先、激励强化原理是指将提高效率放在首要位置,通过有效激励,使员工明辨是非,认清工作的目标和方向,保持持续不竭的内在动力。在企业中一切工作都要以提高效率为中心,时时处处将提高效率放在第一位,各级主管应当充分有效地运用各种激励手段,对员工的劳动行为实现有效激励。例如,对员工要有奖有惩、赏罚分明,才能保证各项制度的贯彻实施,才能使每个员工自觉遵守劳动纪律,严守岗位,各司其职,各尽其力。如果干与不干、干好与干坏都一样,那么就不利于鼓励先进、鞭策后进、带动中间,把企业的各项工作搞好。通过企业文化的塑造,特别是企业精神的培育,教育、感化员工,以提高组织的凝聚力和员工的向心力;通过及时的信息沟通和传递,以及系统的培训,使员工掌握更丰富的信息和技能,促进员工观念上、知识上的转变和更新。

5.公平竞争、相互促进原理——员工竞争与约束机制

公平竞争、相互促进原理是在企业的人事活动中坚持"三公"原则,即待人处事、一切人事管理活动都必须坚持"公正、公平和公开"的原则,提倡起点相同、规则相同、标准相同,考评公正、奖惩公平、政务公开,采取比

赛、竞争的手段,积极开展"比、学、赶、帮、超"活动,激发员工的斗志,鼓舞员工的士气,营造良好的氛围,调动员工的积极性、主动性和创造性。在企业中,为了促进生产任务的完成,应当提倡员工相互比赛、相互竞争。在社会主义市场经济条件下,企业要为全体员工搭建一个体现"三公"原则的大舞台,将绝大多数员工吸引到这个"效率优先、平等竞争"的舞台上,使他们能够大显身手,施展本领,发挥自己的才能。在企业中,应创造一切条件鼓励员工在生产的产量、质量、技术操作等方面相互比赛、相互竞争,使员工在竞争中得到充分开发和利用。

6.动态优势原理——员工培训开发、绩效考评与人事调整机制

动态优势原理是指在动态中用好人、管好人,充分利用和开发员工的潜能和聪明才智。在工作活动中,员工与岗位的适合度是相对的,不适合、不匹配是绝对的。因此,应当注重员工的绩效考评及员工潜能和才智的开发,始终保持人才竞争的优势。社会一切事物和现象都是处于变动之中的,企业的员工也处于变动之中,"流水不腐,户枢不蠹"。从优化组织的角度看,企业员工要有上有下、有升有降、有进有出、不断调整、合理流动,才能充分发挥每个员工的潜力及优势,使企业和员工个人都受益。

(二)对财力的管理

1.财力及其运动

财力是指在一定时期内一个国家或地区所拥有的社会总产品的货币表现。财力的运动过程可以概括为财力的开发(生财)、财力的集聚(聚财)和财力的分配使用(用财)三个环节。财力运动的这三个基本环节相互联系、相互制约、相互促进。生财是运动的起点和归宿,是聚财和用财的前提;聚财是运动的中间环节,是生财和用财的制约因素;用财是为了生财,用财和生财互为目的。

2.财力的集聚与使用

财力集聚的对象,就是国内社会总产品的价值和国外资金市场中的游资。财力集聚的主要渠道有财政集资、金融机构集资和利用外资。在我国目前的市场经济发展中,除了搞好财政集资外,尤应重视金融机构集

资和利用外资。财政集资的主要特点是强制性和无偿性,金融集资的主要特点是有偿性和周转性。财力使用应坚持的原则:统筹兼顾,全面安排;集中资金,保证重点;量力而行,留有余地;搞好财力平衡。

(三)对物力的管理

1.物力的概念和物力管理

物力是能够满足人类生产、生活需要的物质的总称,包括物质资料和自然资源两大部分。物力管理的内容有两个方面:一是物力的开发、供应和利用;二是自然资源的保护。

2.物力管理的基本任务

遵循自然规律和经济规律,按照建设资源节约型、环境友好型社会的要求,结合经济发展和人民生活的需要,开发、供应、利用和保护好物力资源,形成节约能源资源和保护环境的增长方式、消费模式,以合理地、永续地利用物力,促进经济和社会事业的不断发展,推动人类文明和进步。

3.自然资源开发利用与管理工作的要求

根据国家主体功能区的划分,制定自然资源开发利用与管理规划;按照可持续发展要求适度开发利用;发展循环经济,综合利用资源,提高资源利用效率;建设生态文明,有效保护自然资源,搞好环境保护工作。

(四)对科学技术的管理

1.科学技术的概念

科学是人类实践经验的概括和总结,是关于自然、社会和思维发展的知识体系。技术是人类利用科学知识改造自然的物质手段和精神手段的总和,它一般表现为各种不同的生产手段、工艺方法和操作技能,以及体现这些方法和技能的其他物质设施。

2.科学技术管理的主要内容

制定科学技术发展规划,着力突破制约经济社会发展的关键技术;组织科技协作与科技攻关,积极推广应用科研成果;注重提高自主创新能力,抓好技术改造与技术引进;加强创新型科技人才队伍建设。

(五)对时间资源的管理

1.时间资源的特性

时间是一切运动着的物质的一种存在形式。时间资源,具有不可逆性;具有供给的刚性和不可替代性;具有均等性和不平衡性;具有无限性和瞬间性。

2.时间资源管理的内容

时间资源的管理是指在同样时间消耗的情况下,为提高时间利用率和有效性而进行的一系列控制工作。时间资源管理的内容,概括地说包括对生产时间(即从生产资料和劳动力投入生产领域到产品完成的时间)的管理和对流通时间(即产品在流通领域停留的时间)的管理。

3.时间资源管理的基本途径

规定明确的经济活动目标,以目标限制时间的使用;制订详细的计划,严格控制时间的使用;优化工作程序,提高工作效率,充分挖掘时间潜力;保持生产、生活的整体,合理安排休息和娱乐时间。

(六)对经济信息的管理

1.经济信息的概念与特征

经济信息是指反映经济活动特征及其发展变化情况的各种消息、情报、资料的统称。经济信息的特征:社会性、有效性、连续性和流动性。

2.经济信息的分类

按照经济信息的来源,可以分为原始信息和加工信息;按照经济信息所反映的内容,可以分为内部信息与外部信息,又可以分为有关过去的信息和有关未来的信息;按照经济信息取得的方式,可以分为常规性信息和偶然性信息。

二、经济管理的方法

组织的经济管理方法和行政管理方法本身有其自身特点,组织具有综合效应,这种综合效应是组织中的成员共同作用的结果。组织管理就是通过建立组织结构,规定职务或职位,明确责权关系,以使组织中的成员互相协作配合、共同劳动,有效实现组织目标的过程。

(一)经济方法

1. 经济方法的含义

经济方法是指依靠经济组织,运用经济手段,按照客观经济规律的要求来组织和管理经济活动的一种方法。正确理解经济方法的含义,需要把握的要点包括:经济方法的前提是按客观经济规律办事;经济方法的实质和核心是贯彻物质利益原则;经济方法的基础是搞好经济核算;经济方法的具体运用主要依靠各种经济杠杆;运用经济方法,主要依靠经济组织。经济方法的特点是利益诱导性或引导性、平等性、有偿性、作用范围广、有效性强。

2. 经济方法的科学运用

经济方法的科学运用在很大程度上也就是经济杠杆的科学运用。为了科学有效地运用各种经济杠杆,加强对经济活动的管理,要注意解决好几个问题:必须充分认识和认真研究各种经济杠杆的不同作用领域及具体调节目标。税收杠杆的调节触角可以深入社会经济生活的各个方面,实现多种调节目标;信贷杠杆是在资金分配过程中发挥作用的,其调节目标从宏观上看可以促进社会总需求与总供给的平衡,从微观上看可以促进企业发展,减少资金占用,加速资金周转,提高生产经营活动的经济效益;等等。必须使各种经济杠杆有机地结合起来,配套运用。要注重科学地选择经济杠杆和掌握经济杠杆的运用时机与限度。

(二)法律方法

1. 法律方法的含义

经济管理的法律方法是指依靠国家政权的力量,通过经济立法和经济司法的形式来管理经济活动的一种手段。法律方法的特点:权威性、强制性、规范性、稳定性。

2. 经济管理中使用法律方法的必要性

法律方法是国家管理和领导经济活动的重要工具,在经济管理中之所以要使用法律方法。从根本上说,是为了保证整个社会经济活动的内在统一,保证各种社会经济活动朝着同一方向、在统一的范围内进行,落实依法治国基本方略。具体来讲:为了保护、巩固和发展以公有制为主体的多种所有制经济成分的合法利益;为了保证国家经济建设方针政策的贯彻执行,保证社会经济发展计划的实现;为了推动科学技术的发展,保证科技成果的有效应用;为了推动和发展我国对外经济关系,加强国家间的经济技术合作;为了维护经济秩序,保证经济体制改革的顺利进行。

(三)行政方法

1.行政方法的含义

经济管理的行政方法是指依靠行政组织,运用行政手段,按照行政方式来管理经济活动的一种方法。行政方法的特点:强制性、直接性、无偿性、单一性、时效性。

2.行政方法的作用

科学的行政方法是动员广大劳动群众和经济组织完成统一任务的重要手段;科学的行政方法,有利于国家从宏观上控制国民经济的发展方向和发展过程;科学的行政方法,有助于完善社会主义市场体系。

3.行政方法的科学运用

深入调查研究,一切从实际出发,把行政方法建立在符合客观经济规律的基础之上;要严格规定各级组织和领导人的职责和权力范围,正确处理各级组织的关系;要精简机构,建立健全行政工作责任制,提高办事效率;要依靠群众,发扬民主,一切从人民群众的利益出发。

(四)建立合理的经济管理组织的基本原则

合理的经济管理组织是管理者履行各种管理职能,顺利开展各项管理活动的必要前提条件。建立合理的经济管理组织应坚持的基本原则包括:坚持有效性原则,即管理组织结构的建立,包括它的结构形态、机构设置和人员配备等,都必须讲效果、讲效率;坚持权力与责任相对称的原则,即各级经济管理机构和管理人员,根据所管辖范围和工作任务,在管理经济活动方面都应拥有一定的职权,与此相对应,还要规定相应的责任;坚持管理层级及幅度适当的原则,一般来说,管理层级与管理幅度呈反比例关系,即幅度宽对应层较少,幅度窄则对应层较多;坚持统一领导、分级管理的原则;坚持稳定性和适应性相结合的原则;坚持执行与监督的分设原则。

第三节　现代经济管理的效益

经济效益是指经济活动投入和产出的比较。投入是指经济活动中的劳动消耗和劳动占用,产出是指劳动的成果。经济效益的大小与劳动成果成正比,与劳动消耗和劳动占用成反比。经济效益有三种表示方法:比率表示法、差额表示法、百分率表示法。评价经济效益的依据主要有三个方面:宏观经济效益、中观经济效益与微观经济效益的统一;近期效益与长期效益的统一;经济效益、社会效益与环境效益的统一。

企业的经营活动都是为了获得经济效益而进行的,经济管理是企业管理制度中的重要一环,采取有效对策对企业经济运行进行管理,能够促进企业的健康发展。在论述企业经营效益的基础上,分析有关改善经济管理的对策,旨在为企业强化自身的管理水平,为实现更高的盈利做好准备。

一、把经济管理当作企业经营管理的中心

(一)加强资金管理

资金管理是企业经济管理最重要的内容,资金经济标准是衡量企业经营水准的重要参数,因此,科学有效地利用资金、减少所用花费、提高资金应用效率、优化资金配置等方式可以加强企业的经济管理,增加其经营效益,为企业能够立足于竞争日益激烈的市场环境提供强大的物质条件。

(二)坚持着重资金运转管理的思想

企业经济管理目标就是策划资金的运转,力求减少所用资金费用,促使资金使用的科学化,增加资金的运转速度,进而提高企业经营效益。把经济管理作为企业管理的核心,并不是将相关的管理部门作为中心,而是

企业上下全体员工都应坚持着重资金运转管理的思想,将资金规划作为企业发展的重大决定因素,强调对企业生存发展的重要影响。

(三)定期开展经济预算

按时开展有关的经济预算活动是经济管理常用的重要管理措施,这就需要企业在日常经营中应该根据自身的资金情况与实际状况,对企业经济及所得盈利规划经济管理设计方案,合理做出相关的有效经济预算,为企业重大发展决策指明方向。

(四)强化收支管理机制

做好经济资金的收支管理工作,企业仅设置一个基础账户,禁止建立多个账户、分散资源、掩藏资金等行为。企业所有开支及收入应该共用一个账户,严禁有关部门或者个人对资金进行运转中断操作或者无理由使用资金。企业资金的开支应由负责人来管理审批,其他职工并没有相关权力进行支配。

(五)做好成本控制

成本控制一直是经济管理的重要内容之一,加强成本费用的控制工作就是调节各部门间的费用信息,将竞争力很强的产品指标经有效拆分,在各个部门中间进行严格贯彻,设立为全体职工努力达到的目标,采用最为先进的技术管理手段力求减少企业经营每个流程所用成本,尽可能地节省资金,增强企业商品的竞争力度。

(六)策划经济方案

在经济管理时,相关管理人员要对全年或者是未来某个阶段做好对应的经济规划工作,设计资金应用方案,预算经济效益,实施资金管理措施,解决经营中的多重难题,有利于管理经济。

(七)研究经济管理的结果

对经济管理的结果进行深入的分析研究,总结先进经验,从中找到改进的措施,不断完善经济管理,进而可以达到掌握资金、利用经济、做好预算、固定企业的经济效益,最终提高企业各方面的发展。

二、增强经济管理的力度，有效提高企业的经营效益

经济管理要与企业日常经营活动相结合。经济管理在企业管理制度中一直占有重要地位，在企业日常经营的各个环节都能体现经济管理的作用。对经营活动的不足要加强资金预算，科学合理地应用资金对缺陷环节进行补救，保证企业经营的正常运行，有效减缓资金供应的压力。引起企业资金周转不畅的因素较为复杂，因此，根据相关因素，可以采取相应的处理对策，建立专项管理团队，定期开展收回欠款的活动。经济管理的工作不只是企业财务的经营任务，还需要各部门提供帮助，从而能够更好地控制成本预算，调节企业产品的价格定位，降低所花费的成本，提高企业经营效益。

做好经济规划，指明投资方向。经济规划在企业经济管理中的作用不言而喻，其对企业的发展方向有着巨大的指导意义。因此，要想做好企业经济规划，为企业谋取利益，企业经营管理人员必须做到以下几点。

首先，掌握企业资金大体流通规律。要全面了解市场行情，深入调查商品的价值与使用价值波动现象，指明投资方向，调节产品价格范围，按照客观的市场经济规律，做出翔实的经济规划。

其次，应该进行充分的科学调研，依法经营。经济方案的规划离不开企业实践运营的情况，要实事求是指开展全方位的调查分析，要求做到无漏点、无盲点，充分了解投资一方的诚信、资金、管理等多个方面的内容，依法签订投资的相关手续文件。

再次，厘清投资过程，科学民主地进行经济管理。投资的形式不同，其获得的经营效率也有很大的差别，要厘清投资的流程，经相关机构批准之后方可进行投资理财。

最后，建立风险预警机制。企业投资的最终目标就是为企业带来更多的盈利，所以，企业在规划经济方案时，应该强化对成本费用的控制工作，注意每一个投资细节，尽可能地降低投资理财过程中的风险隐患。

强化资金管理，优化经济配置。在企业经营中，货币形态的资金流通从预算开始，经收集、生产、完工、结账环节，再到回收利用，进而以"滚雪球"的形式形成一个良性循环，达到可持续发展的目的，提高企业的经营

效益。

体现经济监督,促使资金增值。建立健全企业法人制度体系,全面体现经济监督管理的影响作用,确保资金能够升值。企业要想在经济市场中站稳脚跟,应该建立健全绩效管理体系,设立一个团结友爱、开拓创新、严肃活泼的领导小组,强化资金使用的监督管理工作,制约相关人员的行为,体现经济监督的重大意义。经济管理人员必须具备高度的责任感,对违反企业规章制度的行为,要严加制止,并及时向上级领导反映,对整个企业资产管理负责,坚守自己的职业道德,保障职工的合法利益。

科学分配企业盈利,体现杠杆原理。在经济管理中,如何科学合理地对企业所得的盈利进行规划配置,影响着企业多个方面的关系。盈利分配能够体现杠杆作用,能够有效协调企业各部门的利益,激发全体职工工作的积极性,对企业整体发展有着重要的现实意义。

根据经济管理的内容,企业决策人员可以设置分红、股票期权激励、年薪制等形式来改善盈利分配方式,体现杠杆的控制调节作用,使得企业各方面保持一个微妙的平衡状态,从而实现科学分配盈利,让企业更好更快发展的目的。

要想全面体现企业经济管理的引导效果,如果只是依赖相关工作人员对经济成本进行核算、设计资金计划方案来控制支出,就不能达到增加企业经营效益的目的。因此,建立一个超前、科学、合理、可行及有效的经济管理体系,企业财务部门就应该与其他部门一起分析研究论证,实施管理对策,全面提升企业员工的整体素质。采用先进的计算机信息管理系统来进行经济成本分析、资金核算、经济控制、投资规划等工作,提高经济管理工作的效率,还要加强对经管人员各方面的培训,最终提高企业的管理水平,增加企业的经营效益,为企业的发展作出贡献。

第二章 会计工作概述

第一节 会计工作的基础

会计工作的基本环节是会计基础工作,它也是经济管理工作的重要基础。会计工作的内容包括建立会计人员岗位责任制、使用会计科目、填制会计凭证、登记会计账簿、编制会计报表、管理会计档案、办理会计交接等方面。

一、会计工作的分类

会计通常可以分为财务会计和管理会计。

(一)财务会计

财务会计是一项经济管理活动。它对一切与企业资金相关的经济活动进行统计和监督,其主要的工作内容是为与企业经济利益相关的各方,如政府相关部门、投资者、债权人和债务人等,提供企业生产运营情况的专业数据。财务会计可为企业自身或投资者等提供基础财务数据,属于财务管理的源头岗位,因此,其重要性不言而喻。

(二)管理会计

管理会计是成本管理会计的简称。它是企业会计的一个分支,其是从传统的会计系统中分离出来的,与财务会计并列,着重为企业提供最优决策,帮助企业改善经营管理,以提高企业经济效益。管理会计根据企业实际的管理状况编制计划、进行决策、控制经济活动,记录并分析经济业务,采集并上报管理信息,直接参与企业决策控制过程。

二、会计工作的目标

会计工作的目标是向使用会计报告的相关人员提供企业财务状况、生产经营的收益情况以及现金流量等相关的会计信息。会计工作主要围绕企业资金账目以及资产账目的登记、编制报表和管理会计数据档案等内容来进行,主要针对资产负债表和利润表两项工作开展,在进行以上的工作时,还要遵循十三条原则,只有这样,会计工作才能够科学、系统、全面且有效地落地实施。

第二节　会计工作的内容

本节对会计工作的内容进行详细阐述,主要以时间和工作流程顺序来展开说明,因此,可以全面进一步认识会计工作内容的流程,以及会计工作的侧重点。本节将从七个方面对会计工作的内容进行逐一阐述:首先,从会计人员的岗位职责开始,点明会计岗位在财务管理中的重要性;其次,介绍针对会计要素进行分类核算的会计科目;再次,讲述会计工作通常所涉及的填制记账凭证、登记会计账簿、编制会计报表以及管理会计档案这四项主要工作;最后,介绍会计交接工作的相关内容以及需要注意的事项。

一、建立会计人员岗位责任制

会计人员岗位责任制是一种考核会计人员的责任制度,它是在会计机构内部,按照会计工作的内容要求和会计人员的配置情况,将会计机构内部的会计工作分配到各个岗位,并按岗位职责的规定进行考核。其中,会计人员岗位主要设有机构负责人(财务科长)、出纳岗位、财产物资核算岗位、工资核算岗位、成本费用核算岗位、财务成果核算岗位、往来结算岗位、总账报表岗位、稽核岗位和档案管理岗位。

以财务科长这一岗位为例。财务科长主要负责企业内部的财务会计工作,组织制定本企业的财务会计制度及核算办法,并督促部门员工贯彻落实。财务科长要经常性地对固定资金和流动资金进行审核,加大对资金的管理力度,提高资金的利用率,以企业利益和社会效益为核心,制定相关会计制度。

二、使用会计科目

所谓会计科目,就是对会计要素的具体内容进行分类核算的项目。会计对象的具体内容和管理要求各不相同,按照各项会计对象分别设置会计科目,可以系统、全面、分类地核算和监督各项经济业务的情况,以及由此而引起的各项资产、负债、所有者权益和损益的增减变动。使用会计科目时,要严格把控资料的审核;记账要做到及时性和精准性;公司财务收支情况要公开透明;需要年终记账的公司要对报账清单、账务报表、预决算表和公司影像资料等进行分类整理;公司应指派人员对公司记账实施全程监督管理,定期或不定期进行抽查和检查,可实行百分制考核。

三、填制记账凭证

记账凭证是指记录企业进行的经济业务或是完成的经济业务情况的书面证明,它是登记账簿的依据。填制记账凭证是会计核算工作的关键环节,它对原始凭证进行分类和整理,并按照复式记账的规范要求,使用会计科目,确定会计分录,为登记账簿做前期准备。填制记账凭证能使记账更为清晰、有条理,既可以提高记账工作的质量,也可以简化记账工作,提高核算的效率。

其中提到的复式记账,是指以资产和权益平衡关系作为记账基础的记账方法。对于每一项经济项目,都要以同等的金额在两个或两个以上相互联系的账户中进行登记,以便系统、全面地反映资金往来变化的结果。

四、登记会计账簿

登记会计账簿是根据会计记账凭证,在账簿上系统、连续、完整地记录交易等相关事项的一种会计工作方法。按记账的方法和程序登记会计账簿,并定期进行结账和对账,可以保证会计数据资料的完整性和系统性,同时为编制会计报表提供准确和完整的依据。登记账簿也是会计核算工作的重要环节,它依据审核无问题的记账凭证和原始凭证,按国家统一会计制度规定的会计科目,同时运用复式记账法将企业经济活动有序地、分门别类地登记到账簿中。登记会计账簿时还应注意要保证账簿登记的及时性和完整性;账簿登记要按编定好的页码顺序连续进行登记,不得出现缺页、漏页现象;登记会计账簿时,书写要规范,要保证页面的整洁清楚,没有涂抹迹象;登记账簿时,应当使用便捷符号,以提高记账的效率。

五、编制会计报表

编制会计报表是会计核算的一种专门方法,也是会计工作的一项主要内容。它将一定时期内企业、事业单位、行政单位等的财务情况或经营成果,集中地反映在一定格式的表格中。会计必须使用"通用格式"的账务报告或会计报表,以便于企业或单位中其他部门及时、全面地了解会计单位的账务信息。通过会计报表,可以了解和掌握企业在一定时期内的资金来源和使用情况。此外,会计报表可以直观地展现企业日常经营管理工作的成绩和问题,从而便于企业制定相应对策,以提高企业的经济效益,还可以为编制下个月或是下一年度的财务计划提供可靠的依据。在国内,会计报表的格式、内容、编制方法和时间,均由统一的会计报表制度所规定,企业应当按统一的规定,准确、完整并且及时地编制各种会计报表,以保证企业会计报表可以在国民经济统计时进行综合汇总以及分析使用。

六、管理会计档案

会计档案包括会计账簿、会计凭证和财务报告等会计核算的相关资料,是反映企业或事业单位经济活动变动情况的重要原始资料和证据,属于企业的重要经济档案。它也是检查企事业单位已发生的经济活动的重要依据，是国家档案的重要部分。为了加强会计档案管理，有效地保护和利用会计档案，2015 年 12 月 11 日，中华人民共和国财政部、国家档案局发布修订后的《会计档案管理办法》，并从 2016 年 1 月 1 日起施行。

会计档案是会计工作中产生的资料，是对企业经济活动重要数据的记录和反映，其有以下四点重要表现。

（1）会计档案是揭露责任事故、打击经济活动犯罪、总结经验和分析与明确事故原因的重要依据。

（2）通过会计档案中提供的企业经济活动的历史资料，企业可以进行经济预测、制定企业经营决策、编制财务和成本计划等。

（3）会计档案提供的数据资料，可以在解决经济纠纷和处理经济事务时提供可靠有力的依据。

（4）企业会计档案的数据还可以为经济学的研究提供重要的史料参考，为国家宏观政策的制定提供重要的基础数据。

七、办理会计交接

会计人员向企业或事业单位提出工作调动或申请离职时，应当提前告知所在企业或单位，并向所在企业或单位提出会计交接申请，以便企业安排其他会计人员接替其会计工作。企业应先确认调动工作或离职的会计人员已完成会计交接工作，而后再批准其调动工作或离职申请。会计交接申请的内容通常包括申请人姓名、申请调动工作或离职的理由、调动或离职的时间、有无重大报告事项、会计交接具体事宜以及建议等。会计交接的内容包括会计凭证、会计报表和报表附注、会计文件、会计工具、会计账簿、会计印章以及其他相关资料如文书档案、会议记录簿、土地登记簿等。实行会计电算化管理的企业，会计交接时还应当移交数据磁盘、会计软件以及相关会计资料。

在办理会计交接时，应当注意以下几点事项。

（1）会计交接表要书写清楚，字迹整齐清晰，没有涂抹迹象，并确保会计交接表上的内容与事实相符。

（2）要做到"四个相符"：发票本数与事实相符；企业账目与银行账目相符；现实数据和实际经济往来相符；保管账目与实际经济活动相符。发票要清点仔细，仓库以及固定资产要全面盘点，不得有出入。

（3）企业经营过程中的往来账目要相互核对清楚；同时，个人的账目也要核对清楚，不得有遗漏。

总而言之，会计交接工作一定要细致谨慎，不要怕烦琐，每一个数据都要核对清楚，接任会计对接手的所有账目、会计数据和资料都要一一核对。在会计交接完成后，前任会计就没有任何责任，之后会计工作中出现任何问题都要由新接任的会计负责。会计工作交接完成后，移交人、交接人和监交人都应在会计移交清单上签名或盖章。

第三节 会计工作的要素

会计要素是针对会计对象所做的基本分类，是反映会计主体财务状况以及经营成果的基本单位。会计工作要素是指会计对象的构成情况，是按照交易的经济活动特征或经济性质进行的基本分类。它是会计核算和监督的具体对象和相应内容，是构成会计对象具体内容的主要因素，也是构成会计报表的基本要素。会计工作要素主要分为资产负债表要素和利润表要素。《企业会计准则》将会计工作要素分为资产、负债、所有者权益（股东权益）、收入、费用（成本）和利润。其中，资产、负债和所有者权益三项会计要素主要反映企业的财务状况，因此，构成资产负债表要素；而收入、费用和利润三项会计要素主要反映企业的经营状况和经营成果，因此，构成利润表要素。

一、资产负债表要素

资产负债表要素包括资产、负债和所有者权益，这三项可以反映企业整体的财务状况。简单来说，它们三者之间的关系是"资产＝负债＋所有者权益"。

（一）资产

资产指的是可以给企业带来经济利益的资源,它在企业历史交易或经济活动中形成,归企业自身拥有和控制。资产通常可以分为流动资产和非流动资产。其中,流动资产指的是可以在一年或是超过一年的一个经营周期内变现或者耗用的资产,包括存货、应收和预付款项、银行存款等;非流动资产指的是在一年或是超过一年的一个经营周期以上的时间中才能变现或是耗用的资产,包括固定资产和无形资产等。企业的房屋、仓库的货物、机器设备、运输工具等都属于企业的资产。

此外,根据目标的不同,资产也可划分为金融资产和非金融资产、货币性资产和非货币性资产等类别。

改革开放初期的企业,其资产通常为固定资产,占用企业的流动资金较多,因自身缺乏自主性和自由度,而不能快速地得到发展,因此,企业通常只能稳步地提高自身的增长率。经过一段时期的摸索和发展,企业逐步减少自身固定资产的比例。如此一来,企业的流动资产相应地增加,因而企业可以进一步地扩大再生产,采购生产资料,购买原材料,增加人力资源等,企业得到更大的发展空间,自身整体的效益也得到了提高。

（二）负债

负债属于企业经济活动中的一项义务,它是企业在历史交易中或是生产经营中形成的,企业的资金预期为净流出。负债通常可分为两类,流动负债和非流动负债。前者的债务时限为小于或等于一年,如短期借款等款项;后者的债务时限为一年以上,如长期借款等。

此外,与负债相关的经济利益也有可能从企业流出,用预期流出的经济利益的金额可以较准确地计量得出。

企业为扩大自身发展,不可避免地会通过各种渠道进行融资,因而产生负债,但只要企业能够有效地把控融资成本,就不会对自身的发展产生不利的影响。

(三)所有者权益

所有者权益是指企业的资产在扣除负债之后,所有者所剩余的权益或是利益。所有者权益包括所有者投入的资本、留存收益、直接计入所有者权益的收益和损失等,通常由实收资本、资本公积、盈余公积和未分配利润构成。

负债和所有者权益是企业资本的来源。因而,企业应当最大限度地维护所有者的权益,保障所有者的收益,当然,这要在不损害社会利益的前提下展开。企业要想长远发展,需要自负盈亏,因此,要先保证自身的正常运转,与此同时,参与社会公益,履行社会责任。

二、利润表要素

企业利润表要素包含收入、费用以及利润三项,它们主要反映企业的经营状况和经营成果。企业如何控制这三项要素的比例,对于企业自身的发展来说是一件至关重要的事情。换句话说,企业生产经营的一切事项都离不开利润表的三个要素。同时,利润表要素也是企业自身运转是否良好的"体温计"和"晴雨表",利润表要素数据是大数据时代为企业数字化管理提供数据支持的原始依据。下文将对利润表三要素进行详细分析。

(一)收入

收入指的是企业在经济活动中形成的,可使所有者权益增加的资金总注入,这部分资金与所有者投入的资金没有关系。按企业从事经济活动的性质,可将收入分为销售商品收入、建造合同收入、提供劳务收入等;按企业经营活动的重要性,可将收入分为主营业务收入和其他业务收入。

企业从事生产经营活动的主要目标就是不断增加企业收入,这是企业维持自身经营的基石。企业只有具有稳定持续的收入,才能进行其他生产经营活动,才可以抵御各种市场或是政策的风险,才有可能维持其长远发展。除此之外,企业在融资的时候,才有可能更容易地拿到扩大再生产的资金。

（二）费用

费用指的是企业在生产经营活动中形成的资金总流出，其会引起所有者权益减少，但其资金的减少与所有者利润分配无关。费用是企业为了获得更多的收入而付出的相应"代价"。

企业应当在保证其正常运转的前提下，尽可能地减少费用支出，以最少的费用来获得最大的收益。会计工作中的一项工作就是统计和分析企业资金的流出占企业资产的比例，并提出相应建议来改善经营活动中费用的占比，这也是间接增加企业利润的一种方式。其中，企业可削减的费用有不必要的差旅费、通信费、应酬费、办公费，或是效果不明显的广告宣传费用，或是通过集采的方式来降低企业采购生产资料的费用等。

（三）利润

利润是企业的经营成果，是企业经营效果的综合反映，也是其最终成果的具体体现。企业为社会和市场生产优质的商品，获得相应的利润，利润在质和量上都与剩余价值等同。它们两者之间的区别是，剩余价值是针对可变资本来说的，而利润是针对全部成本来说的。因此，收益一旦转化为利润，利润的起源以及它所反映的物质生产就被赚了。

利润有以下两个特性。

（1）利润具有神秘性。利润是资本的生命和根本，它可以扩大商品的再生产，提高企业的生产效率，也是社会发展进步的动力源泉。

（2）利润具有分割性。随着信用制度的发展，企业不仅使用自有资本来生产经营，还大量借入资本，借入资本就需要支付相应的利息，因此，企业利润就分割为利息和所有者的收入。

总而言之，利润是企业的生命线，而企业从事一切生产经营活动的最终目的就是获取最大利润。企业家创办企业的初衷也是为了获得超额的利润，资本所追逐的是利润的最大化。

本节所介绍的会计要素划分，在会计核算中发挥着重要的作用，具体表现在以下三个方面。

（1）会计要素是对会计对象的一种科学分类方式。会计对象的内容复杂繁多,想要清楚准确地对其进行梳理和管理,则必须对其进行科学系统的分类,而后按其类别设置账户,并登记到账簿。若没有这种分类方法就不能登记账簿,也就不能落实会计反映经济活动的职能。

(2)会计要素是设置会计科目的会计账户的基础依据。对会计对象进行分类,首先要确定分类标志,这些分类标志就是账户的名称,也就是会计科目。然后,将会计对象划分为会计要素,就可以设置会计账户,进而进行会计核算。

(3)会计要素为编制会计报表奠定了重要基础。会计要素是构成会计报表的基本框架,而会计报表提供了最基本的会计信息,因此,其提供的一系列指标主要是由会计要素构成,所以说,会计要素是编制会计报表的基础。

第四节　会计工作的原则

在正式开展会计工作时,相关会计工作人员应当遵循相应的工作原则,并以此为指引,让企业的会计工作在合理、有序、科学的范围内顺利进行。会计工作原则涉及十三个方面内容,会计数据是会计从会计事项处理中,以"单、证、账、表"等形式表现的各种未曾加工的数字、字母与特殊符号的集合。会计数据的收集和汇总,要保证其真实性和可靠性;会计进行数据核算时,要保持一致的可比性原则;编制会计报表时,要坚持明晰性原则。会计数据贯穿会计工作的始终,是会计工作的核心对象,而会计工作原则均围绕会计数据开展。下文将针对会计工作这几项原则进行详细阐述。

一、客观性原则

会计的客观性原则是用来衡量会计记录和会计报告是否真实、客观地反映经济活动的一项重要原则。这一原则要求会计应当以企业实际发生的经济业务为依据,如实地反映其经营和财务状况。会计工作的客观性包括两个含义:真实性和可靠性。

真实性是指企业所反映的数据结果要与企业实际的财务情况和经营成果相统一。企业的会计记录或会计报告,登记账簿到编制会计报表的整个过程都不允许弄虚作假。只有保证会计资料和数据的真实性,才能真正反映企业的生产经营活动。会计必须根据审核之后没有问题的原始会计凭证,通过专业严谨的方法进行记账、报账等,以保证所提供的会计数据完整、真实、可靠。

可靠性是指企业应以生产经营中实际发生的交易和资金往来为依据,进行收集、登记、计量以及报告,并如实地反映、确认和计量各项会计要素以及其他相关信息,保证会计信息内容的真实可靠和完整性。《国际会计准则》中对会计信息的可靠性判定为,信息没有重要的错误或是偏向性,能够如实地反映企业真实的生产经营情况,同时能为企业管理者或是会计信息的使用者提供参考依据。其中,没有重要的错误是指没有技术上的重大错误;没有偏向性是指处理会计信息时,立场要保持中立,不得加入个人感情成分,不得主观地对会计信息进行有意的取舍或修改。

二、实质重于形式原则

实质重于形式原则是指企业应当按实际生产经营的交易行为或是相关事项的经营实质进行会计核算,而不只是按相应的法律形式进行会计核算。

在遵循法律规范的同时,更应当注重实际的经营情况,收集相应的生产经营数据。企业不能只从企业交易或经营事项的外在表现来进行会计核算,而是要更多地反映企业的经济实质。根据这一原则,会计信息的使用者或是企业的管理者可以进行科学合理的决策,让决策更贴近企业经营现状,也更能有效地解决企业自身遇到的问题。

例如,以融资租赁的形式租入使用的固定资产。虽然从法律角度看,它并不属于企业所有,但在相当长的一段租赁期中,承租企业有权获得固定资产产生的收益,并且在租赁到期时,承租企业也有优先购买的权利。

因此,从本质上看,企业拥有了这项固定资产租赁期的使用权和取得收益的权利。同时,在会计核算上,也应当将租赁的固定资产算作企业的资产,这就是遵循了实质重于形式的原则。

应当注意的是,这一原则得到很好的运用有利于增强会计信息的真实可信性,但如果过度强调原则,则有可能出现会计信息难于核实,会计人员开展会计工作时,也会更易于加入个人主观意识,这不利于提高会计信息的质量和可靠性。

三、相关性原则

相关性原则是指企业会计核算提供的会计信息应当与国家宏观经济政策相适应,要满足有关单位或个人对该企业财务状况和经营状况了解的需要,也要满足企业制定自身发展政策的需要。

相关性原则,是财务会计工作的基本原则之一,指会计信息要同信息使用者所制定的经济政策相关联,即人们可以运用会计信息的数据来制定相关的经济或发展政策。会计应当尽可能地满足各方对企业会计信息的要求,会计相当于企业经营数据和会计信息的服务提供者,也是企业生产经营活动中一切数据的"中央处理器"。不管是企业自身,还是外部各个相关部门,还是其他相关的个人,都可以获得企业准确可靠的经营信息。例如,投资者通过了解企业相关信息,决定是否对这家企业进行投资或是再投资;银行或信贷公司通过了解企业的盈利能力,来判断这家企业是否有发展前景,更重要的是判断其是否有偿债能力,以决定是否对企业放贷或是进行贷款续期;税务部门要了解企业盈利或是生产的相关数据,以判断企业的纳税情况是否合理。

四、可比性原则

企业的会计核算应当按照专业的会计处理方法开展,会计指标应当自始至终保证各项数据和格式的一致性,使数据相互之间可以进行比较。

可比性原则也可以称作统一性原则,会计工作所统计的企业数据必须保证标准一致、格式相同和单位统一,以方便企业进行时间跨度上的前后对比,或是企业间的横向对比,也方便有关部门从宏观层面上统计经济数据,制定宏观政策。

需要注意的是,首先,可比性原则必须以一致性原则为前提,并以客观性原则为基础。只有有了一致的标准,企业自身或是企业间才具有可比性;只有"车同轨",才能"致远方";其次,真实可靠的会计数据也未必就是可以对比的数据,这就要求不同的会计主体要尽量地采用统一的会计方法以及会计程序,并以会计准则和会计规范为依据。但有时,过度地强调可比性原则,可能会破坏会计数据的可靠性和相关性;最后,会计主体要自行公布所采用的会计方法或会计程序,并且在会计方法或会计程序发生调整或改变时,应当及时将变动的情况、变动原因和对财务状况的影响等信息,对外界进行公示。

五、一贯性原则

一贯性原则要求企业应当长期采用一致的会计方法和会计程序,并要遵循相应的会计准则和会计规范来开展会计工作。一贯性原则要求企业发展的各个时期中,都应当保持一致的会计政策,不得随意对其进行变更。如确要变更,则应当及时将变更的原因和变更对企业经营状况的影响,以及企业的财务状况等在财务报告中进行体现并加以说明。

坚持一贯性原则,不但可以提高会计信息的使用价值,而且可以避免企业通过调整会计方法来操纵企业收入、负债以及利润等会计指标的行为。企业可以在会计准则或会计制度允许的范围内选择适合自身的会计方法,但一旦企业选定了一种方法,就不能随意更换。若企业在不同的会计期间使用不同的会计核算方法,则不利于使用者对会计信息的理解,也不便于发挥会计信息的作用。这并不是说企业不能更改会计核算方法,而是必须在满足一定条件的情况下进行,并将企业的会计核算方法的调整,在企业财务会计报表中公布出来。

六、及时性原则

及时性原则是指企业应当及时进行会计核算,不得提前或是延后。企业的会计信息不但要保证其数据的真实可靠,而且要有很强的时效性。一旦会计信息过时或是因提前搜集信息而导致信息不全面,会影响之后会计信息使用者的决策或是影响其对该企业进行市场判断的准确性。因此,在及时性原则的指导下,企业会计要做到及时采集企业的相关数据,及时处理相关数据,并且还要及时报告会计信息的结果,以满足各方对于会计信息的需求。

及时性包含两个方面:一是处理会计信息的相关事项应当在会计计量的当期内进行,不能拖延或是提前;二是会计报表应当在会计周期结束后及时报送到企业有关部门。

及时性由会计信息时效性所决定,任何信息的价值都与时间有密切联系,并且从某些程度上说,会计信息的获取越及时,信息的价值就越大,而信息一旦过了时效期,就可能变得毫无价值。同时,及时性与相关性紧密相连。及时性是相关性的前提,相关联的信息如果没有时效性,就没有相关性;但及时的信息如果不相关,信息所具有的时效性也就没有意义。

应当注意的是,在会计实践中,要平衡及时性和可靠性之间的关系。但有时为了强调会计信息的时效性,可能会丧失一些信息的精确性和可靠性,中间的利弊需要会计信息使用者在决策时进行权衡。

七、明晰性原则

明晰性原则是指会计记录或者会计报表要清晰晓畅、一目了然,以便于他人理解和直接使用。会计记录或是会计报表只有能够让人直白地看懂其中的数据,不会产生误解,才能更直接地反映企业经营的实际状况和财务损益,同时能够让会计信息的使用者准确、完整地掌握企业会计信息的内容,进而做出正确的判断。

明晰性原则要求会计从业者首先要有一个清晰的思路,知道如何收集信息才更为有效、及时、准确,何时收集才是最佳的时机,这就与及时性原则相关联;其次,要兼顾会计信息的相关性原则,尽可能一次性地完整收集所需的数据,因为如果进行二次收集,那么,会计数据在时间维度上就达不到统一,从而影响数据的准确性;再次,明晰性原则也暗含一个要求,会计在记录数据时,若是笔录,则应保证字迹的工整和清晰,尤其是数据,不可有连笔情况出现,要保证所登记的内容不会让会计信息使用者产生误解;最后,要明晰数据的来源和出处,知道溯源的路径和联系人。以上所涉及的内容,其最终目的就是保证会计信息的及时产生和报告明晰、清楚、准确。

八、权责发生制原则

权责发生制又称应收应付制,其中规定了企业的收入费用或支出费用应当计入本期报表还是计入下期报表,而不需要考虑费用是否真实地进行了收付。

只要不是当期的费用或是收入,不管款项已在当期收付,都不应当作为当期的费用和收入。因此,权责发生制原则是会计要素确认计量方面的要求,这是处理费用和收入在什么时间点予以确认以及确认计量多少的事项。

其中,当期收入是指凡属于当期已经实际收到的款项,会计都应在会计账簿上计入当期的收入增加;当期的费用是指凡属于当期已经发生或是企业应当承担的费用,不管企业是否已经支付了相应的款项,会计都应当在会计账簿上计入当期的费用增加。

九、配比原则

配比原则也称配合原则,是会计原则之一,具体体现在两个方面。一是支出范围的配比。企业日常各种生产经营活动中产生的支出,应当根据其性质和用途与其相对应的资金来源相匹配并得到补偿,把支出和收入相比较,以确定经营的成果。例如,与产品销售相关联的费用支出,应当用产品销售收入的资金来进行补偿;而与产品产销无关的营业外支出、专项工程支出等,应当分别从利润和各种专用基金中加以补偿。二是支出时间的配比。在一个会计期间内产生的费用支出,若属于当期产品的成本,则应计入当期的产销成本之中;若不应归属于当期的费用支出,即使已经产生或是已支付,也不能计入当期成本中。

简而言之,配比原则就是谁受益,谁负担。谁获得更多的资源或是资金,相应地产生收益或回报的概率就大;谁占有了更多的资源,就应当相应地承担更多的责任。由此可以看出,配比原则是以权责发生制为基础,并以配比原则相互作用来确定本期会计周期的损失和收益的。

十、谨慎性原则

谨慎性原则也称稳健性原则,指的是合理核算可能产生的收益和可能发生的费用,不得多计资产或是收益,而少计费用或负债。企业的某些经济活动有几种不同的会计处理方法和会计程序可选时,在不影响会计制度和会计规范的前提下,应当尽可能地选择对所有者权益影响最小的会计方法和会计程序进行会计处理,认真核算可能产生的收入和费用。

会计工作谨慎性原则有其显著的优点,可以帮助企业稳步健康地经营发展,有利于企业所有者的利益,也有利于企业内部的整体利益,还有利于降低企业成本,以获得更多经营收益;与此同时,谨慎性原则也存在着一些不足之处。下文将对企业会计工作的谨慎性原则进行详细阐述。

(一)谨慎性原则的优点

(1)谨慎性原则有利于去除企业资产和利润中不实的部分,为会计信息使用者提供更加准确且可靠的会计信息。这就要求会计信息要尽可能的准确并且如实客观地进行记录,这与会计的客观性原则相关联,同时以客观性原则为基础,以谨慎性原则为工作态度。

(2)有利于企业做出正确的经营决策,为企业的长远发展提供真实的数据支撑。尤其是在企业原始数据采集和记录阶段,信息的准确与谨慎至关重要。如果基础数据出现问题,那么,之后的一切企业活动就没有任何意义,所做的工作也就都是徒劳。

(3)有利于维护债权人和小股东的利益。只有在核算产生的收益和费用时做到谨慎准确,所得的结论以及制定的战略才能真正产生价值,企业才能在良性经营的道路上向前发展。因此,这也符合债权人和小股东的利益。

(4)有利于企业在短时间内少交纳所得税,提高企业在市场上的竞争力。由于谨慎性原则是选择对所有者权益影响最小的会计方法和会计程序来处理会计事务,因此,也就让企业会计的工作以所有者权益为重心,宁可多计损失,也不多计收益,导致企业经营状况在纸面上看上去可能不如企业的实际情况。

(5)有利于对其他基本会计原则的适应性进行修正。这一原则要求,凡是与谨慎性原则背道而驰的其他基本原则,都要按谨慎性原则进行微调,以适应这一原则的要求。

(二)谨慎性原则的不足

(1)确认与计量的难度和工作量较大。在整理会计数据时,需要耗费大量人力和时间,同时涉及各部门间的协调与配合,这中间的沟通协调成本也是一个不容忽略的部分。

(2)计提被滥用。由于《企业会计制度》对各项资产减值准备的计提只是进行了原则性的规定,计提的标准和比例则由企业根据情况自行确定,因此,在一定程度上就为上市公司或是一般企业利用计提来调节盈余提供了一种可能,企业可以在一定时间段内多计提,造成企业一段时间的亏损,在下一个会计周期可以不计提或少计提,这就为企业利润提供了增长空间;或者是之前几年先多去计提资产减值准备,当年企业再根据需要进行部分回冲,以人为调控盈余;或者是不计提或少计提资产减值准备,制造企业利润的虚增。以上诸多做法都是企业在遵照谨慎性原则的前提下应当避免出现的情况。

(3)对减值准备的再确认缺乏权威性。企业确认和计量固定资产减值准备的基础是固定资产可变现净值、部分可收回资金等财务资料;而可变现净值和可收回金额两项主要凭借会计人员的主观判断,其所得的结果存在着较大的主观性,所呈现的结果也因人而异。可收回金额中预计未来现金流量现值的具体数据,需要确定未来一定时间段内现金流入量和贴现率;而贴现率又是一个极为不确定的数据,这也就导致固定资产减值准备计提的浮动空间变大。因此,计提不仅缺乏一致的衡量标准,而且没有相应的限制手段。此外,企业之外的其他人员对于企业自身的资产形态、使用情况以及价值也并不熟悉。因此,从事会计工作的人员以及机构对企业确认的减值进行再确认时缺乏权威性。

(4)缺乏一致性。资产有按历史成本计价的资产,有按市价计价的资产。在会计工作中,计提固定资产减值准备的关键是确定固定资产预期的未来经济收益。现在,国内采用的是经济性标准,固定资产只要发生减值,就应当及时进行确认;但要准确确定固定资产的可回收金额,确实存在着一定的技术和机制上的难度。首先,国内目前固定资产信息以及价格市场机制还不健全,使得固定资产减值准备的计提缺乏科学的依据;其次,固定资产计入会计账目后,由于社会的发展、技术的更新迭代、市场价格下行等原因,会发生固定资产贬值,加大确认和计量的难度,使得会计工作人员无法准确地认定固定资产减值的规模和数量,因而需要几个甚至是多个部门协同一致来共同认定,有时甚至需要企业聘请第三方专业的评估机构来进行认定和评价。因此,这不但难度大,而且让资产价值评价的时效性失去了保证。

十一、历史成本原则

历史成本又称原始成本,是指企业购买固定资产实际支出的资金数目,其不包含购买资产后所发生的任何成本变更和调整或资产的升值、贬值或折旧等。在固定资产更新处理的分析计量中,现有的固定资产价值应当按其"现时价值"进行计量,而不应按"历史成本"的数据进行计算。

关于计量属性的规定,历史成本原则是指各项财产应当按照资产购置时的资金金额来进行成本计量。由于会计在对一项资产进行计量时,该资产的事项或交易已经发生,资产购置的成本也已经确定,对于这项资产的计量和确认也就有了确定的客观依据,因此,运用历史成本计量也就有了资料易于取得和易于核实的优点。

利用历史成本的原则来进行计量,有以下四方面优点。

(1)历史成本是企业在市场上通过正常交易、客观确定下来的资金金额,而不是通过个人主观臆造出来的数据,因而具有很强的可追溯性;其又有相应的明确票据作为证据支持,因而有极强的可靠性和确定性。

(2)历史成本可以进行验证。由于资产在取得之时,所获取的票据真伪都可以通过相应的渠道进行验证,所记录的数据也自然可以方便地进行核实,因此,其具有明确的可验证性。

(3)历史成本计量的数据最接近资产购置时资产的价值。历史成本最能代表资产的真实价值,也更具有确定性。资产在被购置之后,其价值会受到各种因素影响,一直处在变化之中,因此,资产在购置时的价值最为确定,数据也更容易掌握。

(4)历史成本数据易于取得,并与收益计量过程中所涉及的概念相一致。

历史成本数据相较于之后不断变化的资产价值数据来讲,更容易获取。

十二、划分收益性支出与资本性支出原则

划分收益性支出与资本性支出原则指的是在会计核算过程中,应当严格区分收益性支出和资本性支出的界限,以准确计算各个会计计算周期中的损失和收益。凡是在一个会计期间或是一个营业周期中的支出收益,都应当归为收益性支出;凡是在几个会计期间或是几个营业周期中的支出收益,都应当归为资本性支出。只有这样正确地划分出收益性支出和资本性支出的界限,才能从根本上反映出企业真实的财务状况,准确地计算出企业在当期的经营状况。

划分收益性支出与资本性支出是会计计量和确认过程中的一项一般

原则,其在我国陆续实行的各项会计准则中均有充分的体现,其中,财政部于 2001 年颁布的《企业会计制度》对这项原则又做了进一步的明确。在会计实践工作中,划分收益性支出与资本性支出原则有着广泛的应用场景,把支出区分为收益性支出和资本性支出,其本质是支出费用化还是资本化的问题,直接涉及企业损失、收益和资产等会计要素的确认和企业数据计量的准确性、真实性和客观性,进而影响到企业会计信息数据的质量。

十三、重要性原则

重要性原则指的是在会计核算过程中对企业交易或企业的相关事项应当首先区别其重要性的程度,通过采用不同的核算方式,而对企业某些不重要的会计事项可以灵活处理的原则。

当企业的生产经营业务的发生对企业的财务状况、资产的损失和收益没有太大影响时,企业会计可以选择使用简单的方法和会计流程对此项经营业务进行成本收益的核算;反过来说,当企业生产经营业务的发生对企业的财务状况、资产收益和损失产生重要影响时,则应按照严格的会计计量方法和会计计量程序来进行会计核算。比如,当企业的某一项生产经营业务情况较为特殊,只有通过单独的会计计量才有可能不遗漏其中的重要事实数据,从而才能够使企业的所有者以及其他与此相关各方全面地掌握企业的财务情况时,则应当采用严格的会计核算流程进行会计数据的单独计量,并要划分出重点注意事项;如果情况相反,就不需要对企业经营业务进行单独计量以及重点事项的提请。

第三章　现代经济管理中的
成本管理分析

第一节　成本的概念

一、成本的定义

简单说来,成本是为了获得某一商品所需要支付的费用。单位成本是指为获取一个单位的商品所需支付的费用。

生产性成本是由生产要素上耗费的物化劳动 C 与生产者必要劳动 V 所组成;而流转性成本,主要是指在商业企业中,购入商品的原价加上流通费,它只有 C,没有 V。

因此,成本和价值是不同的,价值由 C、V、M(剩余劳动价值)三部分组成,而成本只由 C、V 组成。许多生产同一商品的企业,所耗费的 C+V 不同,即便是同一企业生产同一商品,其不同时期所耗费的 C+V 也各不相同。

在市场经济条件下,所有企业都要加强经济核算,以提高经济效益。成本就是加强经济核算的一个关键指标。以工业企业为例,企业生产商品的价值主要包括以下三个方面的内容:

①劳动资料和劳动对象的损耗转移价值 C。

②活劳动耗费所创造的价值之中,用工资形式补偿给工人的劳动报酬,就是必要劳动创造的价值 V。

③活劳动耗费所创造的价值之中,用来满足社会需求的部分,就是剩余劳动创造的价值 M。

在商品价值中活劳动创造价值 V、劳动资料和劳动对象的损耗转移价值 C 共同构成了商品的生产成本,它是企业在产品生产过程中所耗费的人力、物力和财力的货币体现,这种货币体现就是企业的生产费用。生产费用根据一定的成本计算对象来进行归集,就形成了该种对象的成本。

二、成本的意义

成本所具有的经济内涵决定了成本计算在经济管理工作中有着非常重要的意义。

(一)成本是补偿生产耗费的尺度

为了确保企业再生产的不断进行,一定要对生产耗费进行补偿。企业在生产产品过程中所发生的各种耗费是通过其本身的经营成果,也就是营业收入来弥补的,而成本则是衡量这一补偿份额的尺度。企业在生产经营的过程中,只有靠经营收入来弥补生产耗费后,才能维持原有的资金周转。反之,企业的收入在不能弥补生产耗费的状况下,就会使企业的再生产不能按照原有的生产规模来进行。由此可见,成本作为补偿生产耗费的尺度,对企业的生产经营活动具有举足轻重的影响。

(二)成本是决定产品价格的基础

在市场经济条件下,企业在制定产品价格的时候,应该遵循价值规律的基本要求。产品的价格是由市场供求关系来决定的。然而在实际经济生活中,产品价格是不能够直接计算的,于是,我们只有通过成本来间接地掌握产品的价值。对于一家企业来讲,产品价格的高低,将直接影响其盈利的多少。而且成本的高低情况,也直接影响企业产品在市场上的竞争力。在产品质与量都相当的情况下,成本低的产品在市场上将会处于有利的竞争位置。

(三)成本是企业进行生产经营决策的重要依据

企业是否能够提供经济效益,是否能够在激烈的市场竞争中成为常胜将军,在很大程度上依赖于企业经营决策者的正确决策。企业在进行生产决策时需要考虑的因素有很多,其中一个非常重要的因素就是成本因素。因为在其他决策条件相同的状况下,成本高低将直接影响一家企业盈利的多少,也影响企业的竞争力。

三、成本的分类

(一)营业成本

营业成本是指企业为生产产品、提供劳务等发生的可归属于产品成本、劳务成本等的费用,应当在确认销售商品收入、提供劳务收入等时,将已销售商品、已提供劳务的成本等计入当期损益。营业成本包括主营业务成本和其他业务成本。

1.主营业务成本

主营业务成本是指企业确认销售商品、提供劳务等经常性活动所发生的成本。企业一般在确认销售商品、提供劳务等主营业务收入时,或在月末,将已销售商品、已提供劳务的成本转入主营业务成本。

企业应设置“主营业务成本”账户,按主营业务的种类进行明细核算,核算主营业务成本的确认和结转情况。企业核算因销售商品、提供劳务或让渡资产使用权等日常活动而发生的实际成本,即结转主营业务成本时,借记“主营业务成本”账户,贷记“库存商品/劳务成本”账户;期末,应将“主营业务成本”账户余额结转入“本年利润”账户,即借记“本年利润”账户,贷记“主营业务成本”账户。

2.其他业务成本

其他业务成本是指企业确认的除主营业务活动以外的其他经营活动所发生的支出,包括销售材料的成本、出租固定资产的折旧额、出租无形资产的摊销额、出租包装物的成本和摊销额、成本模式下投资性房地产计提的摊销额或折旧额等。企业应通过“其他业务成本”账户核算其他业务成本的确认和结转情况。企业发生其他业务成本时,借记“其他业务成本”账户,贷记“原材料”“累计折旧”“累计摊销”“周转材料”等账户;期末,应将“其他业务成本”账户余额结转入“本年利润”账户,即借记“本年利润”账户,贷记“其他业务成本”账户。

(二)税金及附加

税金及附加是指企业经营活动(包括主营业务收入和其他业务收入)应负担的相关税费,包括消费税、城市维护建设税、房产税、印花税、土地使用税、车船税、资源税和教育费附加等。企业应通过"税金及附加"账户核算企业日常经营活动相关税费的发生和结转情况。企业按规定计算确定的消费税、城市维护建设税、房产税、印花税、土地使用税、车船税、资源税和教育费附加等税费,借记"税金及附加"账户,贷记"应交税费"账户。期末,应将"税金及附加"账户余额结转入"本年利润"账户,借记"本年利润"账户,贷记"税金及附加"账户。

(三)期间费用

1. 期间费用概述

期间费用是指企业日常活动发生的不能计入特定核算对象的成本,而应计入发生当期损益的费用。期间费用包括销售费用、管理费用和财务费用。

2. 期间费用的账务处理

(1)销售费用

销售费用是指企业在销售商品和材料、提供劳务过程中发生的各项费用,包括:保险费、包装费、展览费和广告费、商品维修费、预计产品质量保证损失、运输费、装卸费等;为销售本企业商品而专设的销售机构(含销售网点、售后服务网点等)的职工薪酬、业务费、折旧费等经营费用;企业发生的与专设销售机构相关的固定资产修理费用等后续支出,应在发生时计入销售费用。销售费用是与企业销售商品有关的费用,但不包括销售商品本身的成本和劳务成本。企业应通过"销售费用"账户核算销售费用的发生和结转情况。该账户的借方登记企业所发生的各项销售费用,贷方登记期末结转入本年利润的销售费用,结转后该账户应无余额。该账户应按销售费用的费用项目进行明细核算。

(2)管理费用

管理费用是指企业为组织和管理生产经营活动而发生的各种管理费

用。管理费用具体包括：企业在筹建期间发生的开办费；董事会和行政管理部门在企业的经营管理中发生的，以及应由企业统一负担的公司经费（包括行政管理部门职工工资及福利费、物料消耗、低值易耗品摊销、办公费和差旅费等）；行政管理部门负担的工会经费、董事会费（包括董事会成员津贴、会议费和差旅费等）、聘请中介机构费、咨询费（含顾问费）、诉讼费、业务招待费、技术转让费、矿产资源补偿费、研究费用、排污费等。企业生产车间（部门）和行政管理部门等发生的固定资产修理费用等后续支出，应在发生时计入管理费用。企业应通过"管理费用"账户核算管理费用的发生和结转情况。该账户的借方登记企业发生的各项管理费用，贷方登记期末转入本年利润的管理费用，结转后该账户应无余额。该账户应按管理费用的费用项目进行明细核算。

（3）财务费用

财务费用是指企业为筹集生产经营所需资金等而发生的筹资费用。财务费用具体包括：利息支出（减利息收入）；汇兑损益以及相关的手续费；企业发生或收到的现金折扣等。应该注意的是，长期借款和应付债券计算确定的利息费用计入有关成本、费用的原则。企业应通过"财务费用"账户核算财务费用的发生和结转情况。该账户的借方登记企业发生的各项财务费用，贷方登记期末结转入本年利润的财务费用，结转后该账户应无余额。该账户应按财务费用的费用项目进行明细核算。

第二节　短期成本与长期成本

成本函数表示技术水平和要素价格不变的条件下一定时期内成本与产出之间的关系。成本函数与生产函数一起，制约和决定着厂商的生产决策与生产收益。

一、短期成本函数

总成本是厂商在一定时期内生产一定数量产品的全部成本。它由固定成本(FC)和可变成本之和构成。固定成本是一个常数,与产量的变化无关。

(一)平均固定成本曲线

平均固定成本曲线(AFC 曲线),它是一条向两轴渐近的双曲线。产量极小时,曲线趋近于纵轴,随着产量的增加,AFC 不断降低并越来越趋近于零(趋近于横轴),但由于 FC 不为 0,因而产量再大,AFC 也不会等于零。

(二)边际成本与总成本曲线

与边际产量递增部分相对应的是边际成本曲线递减,与边际产量递减部分相对应的是边际成本曲线递增。因为增加一单位的投入(成本)所带来的边际产量多了总是会使(增加一单位的产量所带来的)边际成本下降,反之亦然。边际成本是总成本曲线的斜率。

TC 曲线斜率递减,说明边际成本递减;TC 曲线的拐点 N,斜率最小,即边际成本最小;在 N 点以后,斜率递增,说明边际成本递增。对于既定规模的企业来说,超过一定产量后,由于边际产出递减会越来越严重,从而增加一单位产量所发生的增量成本会越来越大。

(三)平均可变成本与可变成本曲线

VC 曲线上任一点到原点的连线的斜率便是该产量水平的平均可变成本。这种斜率先减小,后增大。产量为 Q2 时,VC 曲线到原点的连线的斜率最小,反映到 AVC 曲线上,这时的 AVC 最低。这是因为,产量很小时,固定成本不能充分发挥作用,这时增加可变成本(提高产量)会提高生产效率,平均产量上升,从而平均可变成本下降。但产量的增加超过一定点后,由于边际收益递减规律的作用,平均可变成本终究会上升。

(四)平均成本与总成本曲线

平均成本曲线与总成本曲线的关系类似于平均可变成本与可变成本的关系。

(五)各成本曲线的关系

AC 曲线始终位于 AVC 曲线的上方,AC 的最低点(E)高于 AVC 的最低点（F）。当 AVC 达到极小并转为递增时，AC 仍处于递减阶段，所以 AC 的最低点处于 AVC 最低点的右上方。这是因为：AC＝AVC＋AFC，而 AFC 一直在递减，到了一定阶段，即使 AVC 开始上升，但由于 AFC 的下降幅度更大，所以 AC 仍下降。但 AFC 的下降越来越缓慢，赶不上 AVC 的上升幅度时，AC 也转入递增。AC 与 AVC 之间的垂直距离等于该产量水平上的 AFC 之值。随着产量的增加，AVC 与 AC 会越来越趋于接近，但永远不会相交或重叠。

MC 曲线与 AC 曲线的关系包括：MC 曲线位于 AC 曲线下方时，AC 曲线处于递减阶段，即若 MC＜AC，则 AC 递减。MC 曲线位于 AC 曲线上方时，AC 曲线处于递增阶段，即若 MC＞AC，则 AC 递增。MC 曲线在 AC 曲线的最低点（E 点）与 AC 曲线相交时，AC 为极小，即若 MC＝AC，则 AC 为极小。

产生此结论的原因是：如果边际成本小于平均成本，那么每增加一个产品，单位平均成本就会比以前小一些，所以平均成本是下降的；反之，如果边际成本大于平均成本，那么，每增加一单位产品，单位平均成本就比以前大一些，所以平均成本是上升的。这样，就不可能发生边际成本大于平均成本而平均成本曲线反而下降，或者边际成本小于平均成本而平均成本曲线反而上升的情况。因此，边际成本曲线只能在平均成本曲线的最低点与之相交。

MC 曲线与 AVC 曲线的关系：这种关系同 MC 曲线与 AC 曲线的关系非常类似，即若 MC＜AVC，则 AVC 递减；若 MC＞AVC，则 AVC 递增；若 MC＝AVC，则 AVC 极小。

AVC 曲线处于最低点时与 MC 曲线相交，其原因与 MC＝AC（AC 为极小）的原因是一样。

二、长期成本

（一）长期成本曲线的形态

1. LTC 曲线

长期总成本曲线（LTC 曲线）。规模收益递增条件下的总成本上升较慢,规模收益递减条件下的总成本上升较快,而且在规模严重不经济条件下的总成本上升越来越快。

LTC曲线为何通过原点呢? 因为长期来看,不提供任何产量的话,企业就不进行任何生产,当然也不会有任何成本发生(长期中不存在固定成本)。

2. LAC曲线

长期平均成本曲线(LAC曲线),它的形态成因也在于生产经营规模变化(表现为产量变化)所导致的规模收益状况的变化。产量较小时扩大生产规模,会使规模经济优势更充分地发挥,规模收益递增,LAC递减。反之,产量较大时扩大生产规模,会使规模不经济现象越来越严重,规模收益递减,LAC递增。

3. LMC曲线

任一产量水平的LMC是长期内可调整生产规模条件下的最低边际成本值,或者说,LMC曲线是企业在长期中对于每一产量所能达到的最低边际成本的轨迹。LMC曲线自下向上穿过 LAC 曲线的最低点。LMC曲线也呈 U 形,简略起见,理论分析中常将 LMC 曲线画成上升形,而将下降段省去。

(二)学习曲线

我们在前面对短期成本函数和长期成本函数的讨论中,都只是着眼于产量或规模的变化、调整对于成本的影响。应该说,这些因素的影响是十分重要的。但也必须看到,厂商的管理者和生产人员对生产经验的掌握和积累也会对成本的变化产生影响,而生产经验的积累及其对成本的影响体现为一个动态的过程。

1. 学习对于成本的影响

学习对于成本的影响是通过学习对生产的影响而发生作用的。通过"学习",生产效率得以提高,生产成本也就会降低。学习对于生产和成本的影响至少体现在以下诸方面。

(1)生产人员在起初从事某种产品的生产时,对生产工艺、生产过程及生产的相关知识还不够熟悉。随着更多生产的进行,对生产工艺、生产过程和生产的相关知识等越来越熟悉,因而在生产中表现得越来越熟练,单位产品所耗费的劳动时间递减。换言之,相同劳动时间所生产出来的产品数量递增,从而单位产品的平均成本递减,或同量产品生产花费的总成本递减。

(2)管理人员对生产的组织、对生产各环节的协调等会越来越有效率。起初,这种管理可能还会有较多的疏漏,但"学习"会使管理工作逐渐成熟,从而使单位产品耗费的劳动时间缩短。

(3)产品设计人员在长期的设计过程中,对同类产品的优势和缺陷越来越了解,对市场需求越来越了解,从而对产品的改进设计越来越有效率,耗费的时间越来越短,设计出新品的频率越来越快。

(4)原材料供应厂商也会在学习中降低自己的生产经营成本,并将此成果传递给原材料的接受厂商。

由此可见,这里的"学习"指的是生产经营人员和管理人员对于生产经验和生产知识等的积累。上述情形也被概括为"干中学"或"边干边学"。

2. 学习曲线

上述的学习程度可用厂商或个人累积的产品产出量来代表,厂商或个人累积的产出量越大,说明生产"历史"持续时间越长,学习程度也就越高。将厂商或个人累积的产出量与单位产品耗费的劳动时间或单位产品的成本之间的函数关系描绘成的曲线就是学习曲线。可见,学习曲线实际上是一种特殊的成本曲线。

横轴代表厂商(或个人)的累积产出量,纵轴代表单位产品耗费的劳动时间。学习曲线表示,随着产出量的增加所体现的学习程度的提高,单位产品在生产中所耗费的劳动时间递减。在学习初期,学习效果和劳动时间的递减很明显,但学习达到一定程度后,学习效率的进一步提高变得越来越困难,学习效应递减,表现为单位产品在生产中耗费的劳动时间的减少和单位产品在生产中耗费的成本的下降变得更加缓慢。例如,刚担任打字员的人初期的打字速度的提高很明显,但越到后来,其打字速度的提高就越困难、越缓慢。

从生产的物质技术属性来看,无论学习程度如何提高,产品的生产总是要耗费一定时间的,总是会发生一定的成本开支的。所以,学习曲线的下降也总是有一定限度的,永远不会下降至零。

在一定阶段上,企业规模和生产规模的扩大会导致规模经济,降低生产的平均成本。生产规模的扩大当然也意味着产品生产"历史"过程的拉长,因而会发生学习效应,对于企业的原有人员尤其如此。但学习效应和规模经济效应的发生缘由和发生机制是不一样的,两种效应的发生时间却是可以交织的。这从前面的分析中可以看得出来。边干边学虽然会使得厂商的长期平均成本下降,却无法阻止一定阶段后由于规模不经济导致的 LAC 曲线的上升。

第三节　成本函数的估算

一、成本计算的意义

对购买过程、生产过程和销售过程中所发生的各种费用的支出,根据一定的对象(比如采购的材料、生产的产品和已销售的商品)来进行分配和归集,分别对该对象的总成本和单位成本进行计算的过程就是成本计算。成本计算具有以下几点重要意义。

第一,通过成本计算,不但可以正确确定各成本计算对象(采购的材料、生产的产品和已销售的商品)的实际成本,而且为进行货币计价、登记账簿、编制财务会计报告以及制定商品价格,都提供了很重要的依据。

第二,通过成本计算,不但可以为正确评价成本计划执行的实际成果提供依据,而且可以分析和考核成本升降的原因,挖掘节约劳动耗费的方法,为降低成本、费用提供重要的数据资料。

第三,通过成本计算,还可以及时、有效地控制和监督企业生产经营过程中的各种费用支出,为达到甚至超过预期的成本目标,提供很重要的数据资料。

第四,通过成本计算,还可以对成本进行预测,为规划下期成本目标和成本水平提供重要的数据资料。

　　总而言之,成本计算就是成本管理的基础所在。正确运用成本计算方法,对加强成本的管理、全面促进企业实行经济核算制、不断改进生产管理、争取最佳的经济效益,具有很重要的意义。

二、成本计算的原则

　　不同的企业因为其生产方式、组织形式和经营特点不同,成本计算方法也是不同的,不过成本计算所遵循的原则却是统一的。

(一)实际成本计价原则

　　实际成本计价原则包括两个方面的含义:一是对生产产品耗用的原材料、燃料、动力等费用都一定要根据实际成本计价;二是对完工产品成本的结转也需要按照实际成本进行计价。在实际工作中,由于成本计算方法的不同,平常的成本核算工作也许可采用计划成本核算,可是在最后计算结转产品成本时,一定要根据实际成本进行。成本计算须按实际成本进行体现的就是客观性原则。

(二)成本核算分期原则

　　企业的生产经营活动是持续不断地进行的,为了获取一定期间所生产产品的成本,就一定要将生产经营期划分为若干个相等的成本计算期。成本计算期应该与会计核算年度的分期是一致的,区分本期与上期、本期与下期、当月发生与当月负担的成本费用的界限,从时间上确定各个成本计算期的费用和产品成本的界限,保证成本计算的正确性,都是通过成本分期进行的。

(三)权责发生制原则

　　权责发生制是指以经济业务的发生,也就是以本会计期间发生的收入和费用,是否应该记入本期损益为标准。对本期收入与支出,在会计处理方法上有权责发生制和收付实现制两种。就拿成本会计来看,本期成本的确定是以权责发生制作为基础的,只要是由本期成本负担的费用,不论其是不是支付,都要记入本期成本;只要是不该由本期成本负担的费用,虽然在本期支付,也不应该记入本期成本。从成本角度来看,落实这一原则,主要是分清本期发生的费用是不是都由当期产品负担。

(四)划分资本性支出与收益性支出原则

资本性支出是表示某项支出的发生与取得本期收益无关,或者说不是单为取得本期收益而发生的支出,比如固定资产的购置支出。收益性支出是表示某项支出的发生是为了获得本期收益,也就是说支出只与本期收益有关,比如直接工资、在生产过程中原材料的消耗、制造费用以及期间费用都属于收益性支出。

构成资产的资本性支出都要在使用过程中才能逐渐转入成本费用。收益性支出计入当期产品成本或者作为期间费用单独核算,都由当期销售收入来补偿。区分这两种支出的目的,就是为了正确计算资产的价值和各期的产品成本、期间费用及损益。如果将资本性支出列作收益性支出,其结果一定是少计了资产价值,多计了当期成本费用;相反,则也许多计了资产价值,少计了当期成本费用。无论是哪种情况,都对正确计算产品成本不利。

(五)合法性原则

合法性原则是表示计入成本的费用都一定要符合国家的方针政策、法令、制度的规定。比如目前制度规定:购置和建造固定资产的支出,对外投资的支出,购入无形资产的支出,被没收的财物,各项罚款性质的支出,捐赠和赞助性质支出等都不能列入成本开支。假如出现违反规定的开支,一定要在纳税申报时给予调整,以保证成本指标的合法性。

(六)一致性原则

一致性原则是表示会计实体在各个会计期间所运用的符合会计准则的会计处理方法,一定要保持前后统一,不得随便更改。这一原则运用于成本会计,在核算上要求所采用的方法一定要前后统一,使每期的成本资料有一个统一的口径,前后一致,以便分析比较与考核。比如,耗用材料成本的计价方法、计提折旧的方法、辅助生产费用和制造费用分配的标准与方法、产品的计价方法、产成品成本的计算方法等,一定要保持前后统一。一致性原则并不是说成本核算方法固定不变,当以前的方法不能适应时,也可以采用新的方法来计算成本,但一定要在成本报表的附注中说明改变以前的方法的原因。

(七)重要性原则

重要性原则是指对成本有重要影响的项目和内容,把它当作重点单独设立项目进行核算与反映,要求准确无误,而对于那些次要的内容和项目则从简核算与合并反映。比如构成产品实体或主要成分的原材料、生产工人的工资都直接记入产品成本中"直接材料""直接人工"项目来单独进行反映;对于一般性耗用的数额不大的材料费用就记入制造费用或管理费用,在综合项目中合并反映,从而使成本指标达到最完美的成本效益和经济效益。

三、成本计算的内容和程序

在企业生产经营过程的每一个阶段中,费用的发生、成本的形成与生产经营过程总是密不可分的,所以,怎样准确无误地计算成本,应该取决于企业的生产特点和管理要求。然而,不管哪一种类型的企业,不管计算怎样的成本,在成本计算的基本内容、成本计算的一般程序和应遵守的基本原则等方面都有相同的地方。把这些相同的地方归纳起来,主要是以下五个方面的内容。

(一)确定成本计算对象

归集和分配费用的对象就是成本计算对象,或者说是费用的归属对象。进行成本计算,首先一定要确定费用归属对象,然后才能根据对象归集各种费用,计算各对象的成本。一般来讲,生产耗费的受益物应该当作成本归属的对象。比如,工业企业在购买过程中发生的各种费用是为了采购各种材料发生的,因此,应该把采购的各种材料当作成本计算对象,归集采购过程中发生的各种费用并计算各种材料的采购成本;生产过程中的各种费用是为了生产各种产品所发生的,所以,要把所生产的各种产品当作成本计算对象,归集产品生产过程发生的费用并计算各种产品的生产成本;销售过程中的各种费用是为销售各种商品所发生的,应该把已销售的各种产品当作成本计算对象,归集销售过程所发生的费用并计算各种已售商品的成本。

要指出的是,产品生产过程的各种成本计算对象并不全是这一过程的最终产品。根据各类企业的生产特点及管理要求,生产过程的成本计算对象也有可能是产品的品种、产品批别或生产步骤。假若是最终产品,也并非最终的每一种产品。比如,以经营作物为主的国有农场,一般来讲,各种作物产品应该作为成本计算对象。然而,根据农作物生产的特点以及国家对成本管理的要求,对主要的作物产品,应该作为主要核算对象归集费用,计算各种作物产品的成本;但对于其他一些次要的作物产品,却可以按照合并的作物产品组(或类)作为成本计算对象归集费用,计算各组(类)作物产品的成本。对于产品品种、规格繁多的某些工业企业来讲,也可以把产品的类别当作成本计算对象。总之,要根据企业的生产特点和管理要求来确定成本计算对象。

(二)确定成本计算期

什么是成本计算期?企业每隔一段时间就要计算一次成本,其中的间隔时间就是成本计算期。

由于费用和成本是跟随生产经营过程的各个阶段发生和逐步积累而形成的,所以,从理论上来讲,成本计算期同产品的生产周期应该是相互一致的。但是真正在确定成本计算期的时候,还要考虑企业生产工艺的技术特点、生产组织的特点及分期考核经营成果的要求。比如,在工业企业中,对于大量、大批生产的企业,由于其接连不断地重复生产同一类产品,为了考核和计算每个月的经营成果,就确定成本计算期为一个月,也就是月尾计算各种产品成本。这样一来,成本计算期和会计期间就是一致的,和产品的生产周期是不一致的。按照单件组织生产的企业,需要等待产品制造竣工才能计算成本,因此,其成本计算期与产品的生产周期是一致的,和会计期间是不一致的。又比如,在农业企业中,由于农业具有自然生长周期较长、收获时间比较集中以及各种费用和农业用工不均衡等特点,于是农业企业的成本计算通常不是以"月"为成本计算期而是以"年"为成本计算期,年终结账之前才计算成本。

(三)确定成本项目

在前面介绍过,组成各种成本的费用,其经济用途是各不相同的。比如,组成材料采购成本的费用,有的是用在购买材料的货款上,有的则是用在支付种种采购过程中的运杂费上;组成产品成本的费用,有的直接用在产品生产上,有的则是用在管理和组织生产上。由此可见,只有一个总括的成本指标,往往是很难满足成本管理的需求的。这就要求将成本中的各种费用,按其经济用途分成许多成本项目,按照成本项目归集费用、计算成本。这样不但可以明确成本中各种费用用于哪些方面、应当由哪个部门负责控制和监督,以加强经济责任制,而且可以明确成本的构成,以方便分析、比较成本升降的具体原因和各种因素对成本升降的影响程度。所以,为了科学地进行成本计算,无论哪种企业,都应当正确无误地确定成本项目。

具体到某一家企业生产经营过程的某一个阶段,到底要设置哪些成本项目比较适当,这就要依照不同企业的生产特点、对成本管理的要求以及企业会计工作的水平来确定。对于那些在成本中所占比重不大,不能制定定额或费用预算、种类又较多的费用,一般可以将这些费用合并确定为一个成本项目予以反映和监督,以简化核算工作;对于那些在成本中所占比重较大、又制定有定额或费用预算,在管理上要求单独给予反映和监督的费用,应该单独确定成本项目来进行核算。本节仅以品种为成本计算对象来说明成本计算的基本原理。

(四)正确地归集和分配各种费用

成本计算的过程,实际上就是费用归集和分配的过程。为了能正确地归集和分配各种费用,做好成本计算工作,通常要做到如下三点。

1.遵守国家规定的成本开支范围,划清费用的补偿界限

企业的经济活动各式各样,费用的支出也各不相同。不同的费用支出,其补偿的资金来源是有所不同的。比如,企业支付的职工医药费、临时困难补助等,应该由应付福利费来开支;企业生产产品的费用支出应当由生产经营资金开支。所以,在企业的经济活动中,并不是所有的费用支出都可以计入成本。哪些费用支出可以计入成本,哪些费用支出不可以计入成本,国家都有统一的规定,这种规定就叫作成本开支范围。任何单位都一定要遵守国家关于成本开支范围的规定,不能乱计成本。只有与

产品生产和销售有关、应该由生产经营资金补偿的费用支出,才可以计入成本;而与产品生产和商品销售无关的,要由特定的资金来源补偿的费用,不得计入成本。

2.根据权责发生制原则,划清费用的受益期限

企业在成本计算期内发生的费用,不一定全部都计入本期产品成本,而且在本期完工的产品成本也不一定都是本期实际支出的费用。所以,应该根据权责发生制原则,采用待摊或者预提的方法来正确划分费用的归属期,正确确定各期成本应该负担的费用界限;凡是由本期成本负担的费用,不论其是不是支付,都应该全部计入本期成本;凡是不应该由本期成本负担的费用,即使已经支付,也不能计入本期成本。

3.按受益原则,划清费用的受益对象

任何一种费用都只有具体划归到某一种具体成本计算对象时,才能形成该成本计算对象的成本。成本计算就是要具体计算各成本计算对象所要负担的费用。所以,在确定应由本期成本负担的费用之后,还一定要按成本对象正确地归集和分配各种费用。在会计实践中,各成本对象之间的费用界限,应根据受益原则来划分,也就是说发生的各种费用,要根据各个成本对象是不是受益和受益程度大小来负担,实现多益多摊、少益少摊、无益不摊的原则。

根据分配受益的原则,凡是能分清费用受益对象应由某一成本计算对象负担的费用,就应该直接计入该成本计算对象的有关成本项目;凡是不能分清费用受益对象,应该由两个或两个以上的成本计算对象共同负担的费用,就应该按照一定的分配标准分配计入各个成本计算对象。

4.开设并登记费用、成本明细分类账户,编制成本计算表

计算各个成本计算对象的成本,就是通过成本明细分类账来完成的,所以,计算成本一定要为各个成本计算对象开设有关的成本计算明细分类账,账户内按照规定的成本项目设置专栏,将凭证中为各成本计算对象发生的所有费用,按其经济用途在各个成本明细分类账中进行分配和归集,借以计算各成本对象的成本。之后,根据各费用、成本明细分类账的有关成本资料,按照规定的成本项目,编制成本计算汇总表,全面反映各

个成本对象总成本和单位成本。以工业企业为例,为了正确计算成本,要开设并登记有关"材料采购""生产成本"等明细分类账,进行有关的明细分类核算,并且编制材料采购成本计算表、主营业务成本计算表和产品生产成本计算表。

第四章　现代经济管理中的财务报告分析

第一节　财务报告概述

一、财务报告的概念

所谓财务报告,是根据经济组织日常的会计账簿记录和其他核算资料编制的,综合全面地反映会计主体在一定时期的财务状况和经营成果的总括性书面文件,同时也是企业对外披露会计信息最重要的手段。

定期编制财务报告既是会计工作的一项重要内容,也是会计核算的专门方法。在会计信息的生成与加工过程中,企业往往会把日常发生的经济事项通过记账工作分类登记在各种会计账簿中。此时,会计信息已经初步具有条理化和系统化的特征。但是这些反映在会计账簿中的信息,总的来说,还比较分散,不能概括地反映企业经营成果和经济状况的全貌,使用者不能直接有效地利用这些财务信息。所以,根据统一的财务会计制度的要求,应对账簿系统的信息进行再确认和再提炼,进一步整理、加工和综合,并结合其他日常会计核算资料,按照一定的指标体系,以报告文件的形式集中地反映出来,从而概括、系统、全面地提供会计主体有关财务状况和经营成果的会计信息。这样做,对于满足会计信息使用者的不同需要,加强企业的经济管理,有着相当重要的作用和意义。

财务报告又称财务会计报告,它与会计报表既有联系又有区别。根据美国财务会计准则委员会(FASB)的《财务会计概念公告》(SFAC),财务报告不但包括会计报表,而且包括传递直接或间接地与会计系统所提供的信息相关的各种信息,如企业的经济资源、债务、投资及盈利等方面的信息。因此,财务报告包括主要的会计报表、补充信息、利用财务报告的其他手段所披露的相关信息。会计报表是财务报告的主要部分,而补充信息和其他财务报告是会计信息使用者充分了解财务报告的必要补充。

二、会计报表对于加强经济管理工作的意义

财务会计报表是提供会计信息的一种重要手段,各单位编制财务会计报表对于加强经济管理、提高经济效益具有十分重要的意义。

(一)为各单位内部的经营管理提供必要的信息资料

单位的经营管理者需要经常不断地考核、分析单位的财务状况,评价单位的经济工作,查明存在的问题及原因,总结经验,不断改进经营管理工作,提高管理水平。财务会计报表可以为经营管理者提供管理活动过程及结果的全面、完整、系统的数据资料,帮助其做好经济预测、进行经营决策,以便得出正确的结论,使单位的生产经营活动良性发展。

单位的职工、职工代表大会及工会组织,也可以通过会计报表提供的数据资料,更好地参与单位的经营管理活动,为单位的生存和发展做出更大的贡献。

(二)为投资者提供必要的会计信息资料

各单位的投资者(包括国家、个人、其他经济单位和外商等)非常关心投资报酬、投资风险和单位管理层受托责任的履行情况,在投资前需要了解单位的财务状况和经济活动情况,以便做出正确的投资决策;投资后需要了解单位的经营成果、资金使用状况以及投资报酬的情况等资料,以便进行资金去留的决策。财务会计报表可全面、系统地向投资者提供企业财务状况、经营成果和现金流量等相关的会计信息,满足其投资决策的需要。

(三)为单位的债权人提供信息资料

银行、非银行金融机构、债券购买者等是市场经济条件下各单位的重

要债权人,他们需要单位提供财务状况、盈利能力、现金流量等资料,以便分析其按期还本付息的能力。商业债权人是市场经济条件下单位又一重要的债权人,他们通过供应材料、设备、提供劳务等交易成为单位的债权人,需要单位相关偿债能力的资料。财务会计报表可以为单位的各种债权人提供本单位的资金运转情况、偿债能力和支付能力等信息资料,供债权人做出信贷和赊销的决策。

(四)为财政、税务、工商等政府行政管理部门提供信息资料

各单位的财务会计报表是政府部门进行宏观经济管理的重要依据。财政、税务、工商等行政管理部门,通过财务会计报表检查单位资金的使用情况、成本的计算情况、税收的计算和解缴情况、利润(或亏损)的形成和分配(弥补)情况,检查单位财经纪律的遵守情况。编制财务会计报表,可以为这些部门提供必要的数据资料,便于他们对单位实施管理和监督。

(五)为审计机关提供信息资料

审计机关的审计工作一般是从财务会计报表审计开始的,财务会计报表为审计工作提供详尽、全面的数据资料,并为凭证和账簿的进一步审计指明方向。

三、会计报表的种类

会计报表是一个完整的报告体系,我们可以根据需要,按不同的标准进行分类。各种不同类型的会计报表可从不同的角度来揭示企业的经营成果、财务状况和现金流量情况等。不同性质的会计主体,因其核算的具体内容、管理的要求不同,其会计报表的种类也不相同。为了全面了解会计报表的内容和结构,掌握其编制的方法,一定要对会计报表进行科学的分类。对于企业而言,会计报表可按照不同的标准进行分类。

(一)会计报表按照编制单位可分为单位报表和汇总报表

单位报表是由独立核算的基层单位在自身会计核算基础上对账簿记录进行加工而编制的会计报表,意在反映单位本身的财务状况、经营成果和现金流量,又称为基层报表。汇总报表是由企业主管部门和上级单位

根据所属单位报送的会计报表,是连同本单位会计报表汇总编制的反映本系统内全面财务状况和经营成果的综合性会计报表。

（二）会计报表按照编制时间可以分为月报、季报、半年报和年报

月报是反映企业在月份内经营成果和月末财务状况的会计报表。月报通常在月份结束后 6 天内编制完成,有资产负债表和利润表等。年报是反映企业年度内经营成果和年末财务状况的会计报表。年报通常在年度结束后 4 个月内编制完成,有资产负债表、利润表、现金流量表等。季报介于月报和年报之间。股份有限公司还要根据企业半年的经营情况和经营结果编制半年报。通常把月报、季报和半年报称为中期报。

（三）会计报表按照反映的经济内容可分为利润表、资产负债表和现金流量表

利润表是反映企业在一定时期内经营成果的会计报表。资产负债表是总括反映企业在某一特定时点财务状况的会计报表。现金流量表是反映企业一定时期内现金及现金等价物流入、流出情况的会计报表。

（四）会计报表根据资本周转方式不同可以分为动态报表和静态报表

动态报表是以企业某一时期内的经营成果和经营活动情况为基础编制的会计报表,比如利润表、现金流量表等。静态报表是企业以某一时点上资产、负债和所有者权益状况为基础编制的会计报表,比如资产负债表。

（五）会计报表按照编制用途不同,可以分为对内会计报表和对外会计报表

对内会计报表是指企业为适应本单位内部经济管理的需要而编制的报表,比如成本报表、商品进销存日报表等。对外会计报表是指企业向与企业有利害关系的政府部门、投资者、债权人等报表使用者报送的会计报表,比如资产负债表、利润表、现金流量表等。

（六）会计报表按照反映的经济主体可以分为个别会计报表和合并会计报表

个别会计报表是指每一个具有独立法律主体地位的企业所编制的会计报表,其报表内容仅包括企业本身的财务数字,合并会计报表是由母公司编制的,综合反映母公司及其子公司所形成的企业集团的财务状况、经营成果及其现金流量的会计报表。

四、会计报表的编制要求

（一）编制财务报表的准备工作

财务报表的资料主要来源于账簿记录。为了真实客观地反映会计主体的财务状况和经营成果,在编制财务报表之前应做好如下准备工作。

1.检查本期发生的经济业务是否全部登记入账

为了保证财务报表反映内容的完整性,只有在本期的经济业务全部记账的基础上,才能着手编制财务报表。不能为了赶编报表而提前结账,不准随意估计数字,更不能弄虚作假,篡改数字;也不能推迟结账,把不属于本期的经济业务编入本期的财务报表之中。

2.进行账项调整

根据权责发生制的要求,对收入和费用项目要进行调整,以便使收入和费用进行恰当的配比。

3.进行财产清查

在编制财务报表特别是年度会计报表前,企业对各种存货、固定资产和货币资产都要进行清查盘点,做到账物相符、账款相符。如果有不符,要查明原因,按照规定调整账目。

4.清理核对账目

结账前,对于企业同其他单位之间的往来款项,企业内部的应收、暂付等往来款项,应该要进行清理核对,发现问题后要及时查明原因,并进行处理。对所发现的坏账,应按照规定转销。

5.按时结账,进行试算平衡

在全部经济业务已经入账且相关账项调整结束之后,企业都应该按时结账,进行试算平衡,之后才可以编制财务报表。

(二)会计报表的具体编制要求

每个单位编制财务会计报表的目的,都是为财务报表使用者提供对决策有用的会计信息资料,促进社会资源的合理配置。所以,《会计法》规定:各单位财务会计报表的编制要求、提供对象、提供期限应当符合法定要求。具体说来,企业编制的财务会计报表应当做到如下要求。

1.合法性

企业编制对外提供的财务会计报表,一定要符合国家相关法律、法规的规定。现行的"法"主要是指《中华人民共和国会计法》、国务院颁布的《企业财务会计报表条例》、财政部公布的《企业会计准则——基本准则》《企业会计准则第30号——财务报表列报》《企业会计准则第31号——现金流量表》《企业会计准则第33号——合并财务报表》等会计准则以及其他相关行政性法规和国家统一会计制度。其他法律、行政法规另有规定的,各单位也要认真执行。根据合法性的要求,企业编制财务报表一定要做到以下几点。

(1)企业要以持续经营为基础,按照实际发生的交易和事项,根据《企业会计准则——基本准则》和其他各项会计准则的规定进行确认和计量,在此基础上编制财务报表。企业不应以附注披露来代替确认和计量。

如果以持续经营为基础编制的财务报表不再合理的,企业要采用其他基础编制财务报表,并在附注中披露这一事实。

(2)性质或功能类似的项目,其所属类别具有重要性的,要按照其类别在财务报表中单独列报。重要性,是指财务报表某项目的省略或错报会影响使用者据此做出经济决策的,此项目具有重要性。重要性应当根据企业所处环境,从项目的性质和金额大小两方面予以判断。

(3)财务报表项目的列报应当在各个会计期间保持一致,不能随意变更,但会计准则要求改变财务报表项目的列报,企业经营业务的性质发生重大变化后变更财务报表项目的列报能够提供更可靠、更相关的会计信息等情况除外。性质或功能不同的项目,应当在财务报表中单独列报,但不具有重要性的项目除外。

(4)财务报表中的资产项目和负债项目的金额、收入项目和费用项目的金额不得相互抵消,但是其他会计准则另有规定的除外。

资产项目按照扣除减值准备后的净额列示,不属于抵消。非日常活动产生的损益,以收入扣减费用后的净额列示,不属于抵消。

2. 内容完整

会计报表只有全面反映企业的财务状况、经营成果和现金流量情况,提供完整的会计信息资料,才能满足各方面对财务信息资料的需要。因此,企业在编制会计报表时,凡是国家要求提供的会计报表,都必须根据规定的要求编报,必须编报齐全,不得漏编漏报;对已有的经济活动及与报告对象决策相关的各种信息都要在会计报表中体现;对于应当填列的报表指标,无论是表内项目还是表外补充资料,都要填列齐全,不能随意取舍。

3. 数字真实

会计报表的编制目的主要是满足不同的使用者对信息资料的要求,便于使用者根据会计报表所提供的财务信息做出决策。因此,会计报表所提供的数据必须是真实的和可靠的,一定要如实地反映企业的财务状况、经营成果、现金流量和其他非财务信息,这是对会计报表的基本要求。所以,在日常会计核算中,会计凭证要真实反映企业实际的经济活动,账簿的记录要以合法的会计凭证为依据,会计的确认、计量、记录和报告都必须根据国家统一的会计制度和相关法规的规定进行处理,一定要把企业发生的经济业务全部登记入账,并按照规定核对账目、清查财产、调整账项,做到账证相符、账账相符、账实相符,使在此基础上编制的会计报表做到账表相符。同时按照规定的时间结账、编制会计报表。企业不能使用估算或推算的数字来编制会计报表,更不能弄虚作假、隐瞒谎报。单位负责人对会计报表的合法性、真实性负法律责任。如果会计报表所提供的财务信息不真实可靠,甚至是虚假的信息资料,不仅不能发挥其应有的作用,反而会由于错误的信息,导致报表使用者对企业财务状况得出相反的结论,使其决策失误。

4.计算准确

在编制会计报表时,涉及大量的数字计算,只有准确计算,才能保证数字的真实可靠。因此,企业应当按照《企业财务会计报告条例》和《企业会计制度》规定的报表编制说明操作,根据账簿及其他相关资料,正确把握各项指标的口径,认真计算后填写,避免出现计算上的差错。各种会计报表之间、会计报表各项目之间,凡是有对应关系的数字,都要计算准确,使之相互一致。本期报表与上期报表之间相关的数字也要相互衔接,以确保会计报表的真实性。

5.编报报表及时性

企业财务报表所提供的资料应具有很强的时效性。只有及时编制和报送财务报表,才能为使用者提供决策所需的信息资料。否则,即使财务报表的编制非常真实可靠、全面完整,然而由于编报不及时,也有可能失去其应有的价值。随着市场经济和信息技术的迅速发展,财务报表的及时性要求已变得越来越重要。

五、财务报告的报送

每个单位应按照规定的时间编报并向外部财务报表使用者提供财务报告,以便于与企业有财务关系的单位及政府部门及时了解单位财务状况、经营成果和现金流量,并据此做出相应决策。根据国家统一会计制度的规定,月度财务报告应当于月份结束后6天内(节假日顺延,下同)对外提供;季度财务报告应当于季度结束后15日内对外提供;半年度财务报告应当于中期结束后60天内对外提供;年度财务报告应当于年度结束后4个月内对外提供。因此,企业要科学地组织会计的日常核算工作,选择适合本企业具体情况的会计核算组织形式,认真做好记账、算账、对账和按期结账工作。

在对外提供的财务报告上签章是明确责任的一个重要程序。《会计法》明确规定,会计报表应由单位负责人和主管会计工作的负责人、会计机构负责人(会计主管人员)签名并盖章;设置总会计师的单位,还须由总会计师签名并盖章。凡是法律、行政法规规定会计报表、会计报表附注和财务情况说明书要经过注册会计师审计的单位,该单位在提供财务报告时,应把注册会计师及其所在的会计师事务所出具的审计报表,连同财务报告一并提供。

第二节　财务报告分类表

一、资产负债表

(一)资产负债表的概念

资产负债表又称资金平衡表,是反映企业某一特定日期财务状况的财务报表,也被称为财务状况表。该表按月编制,对外报送,年度结束还要编报年度资产负债表。

资产负债表编制的理论依据是"资产＝负债＋所有者权益"这一会计恒等式。其编制原理是把企业特定日期(通常是期末)的资产、负债和所有者权益项目按照一定的分类标准和排列次序进行排列而形成的一定格式的报表。

从性质上讲,资产负债表是一个静态报表,它是以相对静止的方式来反映企业的资产、负债和所有者权益的总量及构成。换句话来说,报表中所反映的财务状况只是某一时点(编报日)上的状态,过了这一时点,企业的财务状况就会变化。因此,资产负债表只有对编报日来说才具有意义。从经济内容上分析,资产负债表实际上是用来反映企业从哪里取得资金,又把这些资金投放到哪些地方去了。前者可以理解为一种筹资活动,后者可以认为是广义的投资活动。而筹资和投资通常是企业财务活动的主要内容,所以资产负债表又称为财务状况表。

(二)资产负债表的作用

资产负债表是总括反映企业在某一特定日期(月末、季末或年末)资产、负债和所有者权益情况的会计报表。编制资产负债表具有如下作用：

(1)总括反映企业资金的来源渠道和构成情况,投资者和债权人据此可以分析企业资本结构的合理性及其所面临的财务风险。

(2)提供企业所掌握的经济资源及其分布的情况,报表使用者据此可以分析企业资产结构分布是否合理。

(3)通过对资产负债表的分析,可以了解企业的财务实力、偿债能力和支付能力,投资者和债权人可以据此做出相应的决策。

(4)通过对前后期资产负债表的对比分析,可了解企业资金结构的变化情况,经营者、投资者和债权人可以据此掌握企业财务状况的变化情况及其趋势。

(三)资产负债表的内容和结构

1.资产负债表的内容

资产负债表是依据"资产＝负债＋所有者权益"编制的,通常包括表首和正表两部分。其中表首要概括地说明报表名称、编制单位、编制日期、报表编号、货币名称等;正表是资产负债表的主体,列出了说明企业财务状况的各个项目。

2.资产负债表的结构

资产负债表结构的具体格式通常有报告式和账户式两种。我国企业资产负债表按照规定统一采用账户式格式。

报告式资产负债表,是把资产负债表的项目按从上到下的顺序排列,上部分列出资产的数额,下部分列出负债的数额和所有者权益的数额。

账户式资产负债表,是把资产负债表分为左、右两栏。左栏列出资产项目,右栏列出负债和所有者权益项目,从而使资产负债表左、右两边平衡,因此账户式的资产负债表,又被称为平衡式资产负债表。

(四)资产负债表的编制方法

1.资产负债表"年初余额"栏内各项数字的填列方法

"年初余额"项目各项数字,应根据上年末资产负债表"期末余额"栏内所列数字填列,如果本年度资产负债表规定的各个项目名称和内容同上年度不一致,应对上年末资产负债表中各项目的名称和数字按本年度的规定进行调整,然后再填入本表的"年初余额"项目内。

2.资产负债表"期末余额"各项目的填列方法

资产负债表是一张静态的财务报表,它反映企业特定时日的财务状况,编表的主要资料来源于反映特定时日财务状况的账户余额。所以资产负债表的编制是以资产、负债和所有者权益等账户的期末余额填列的。一般来说,资产类项目应根据资产类账户的期末借方余额填列,负债和所有者权益项目应根据负债类、所有者权益类账户的贷方期末余额填列。但这并不意味着账簿信息全部可以直接进入报表,因为报表项目和账簿记录并不完全是一一对应关系,有相当一部分数据必须经过合并、分拆等整理才能进入资产负债表。具体而言,进入资产负债表的期末栏数据可通过以下几种方式取得。

(1)根据总账账户的期末余额直接填列。资产负债表中的大多数项目的数据来源,主要是根据总账账户期末余额填列。具体项目如下。

①资产类项目:交易性金融资产、应收票据、应收股利、应收利息、累计折旧、工程物资、固定资产减值准备、固定资产清理、递延所得税资产等。

②负债类项目:短期借款、交易性金融负债、应付票据、应付职工薪酬、应交税费、应付利息、应付股利、其他应付款、预计负债、专项应付款、递延所得税负债等。

③所有者权益类项目:实收资本、资本公积、库存股、盈余公积等。

(2)根据总账账户期末余额计算填列。资产负债表中有些项目需要根据若干个总账账户期末余额的合计数填列。具体项目主要有资产类的"货币资金",所有者权益类的"未分配利润"。

(3)根据若干明细账账户余额计算填列。资产负债表中有些项目需要根据若干个明细账账户期末余额的合计数填列。

具体项目主要有"应收账款""预付账款""应付账款""预收账款"等。如"应付账款"项目,需要分别根据"应付账款"和"预付账款"两科目所属明细科目的期末贷方余额计算填列。

(4)根据总账账户和明细账账户期末余额分析计算填列。资产负债表中某些项目不能根据有关总账账户的期末余额直接或计算填列,也不能根据有关账户所属的明细账户的期末余额计算填列,而需要根据总账账户和明细账账户余额分析填列。具体项目主要有"长期应收款""长期应付款""长期借款""应付债券"等。如"长期借款"项目,应根据"长期借款"总账科目余额扣除"长期借款"科目所属的明细科目中将以资产负债表日起一年内到期且企业不能自主地将清偿义务展期的长期借款后的金额填列。

(5)根据账户余额减去其备抵项目后的净额填列。具体项目主要有"存货""持有至到期投资""固定资产""无形资产"等。

(6)根据资产负债表中相关项目金额计算填列。具体项目有"流动资产合计""非流动资产合计""资产总计""流动负债合计""非流动负债合计""负债合计""所有者权益(或股东权益)合计""负债及所有者权益总计"等。

二、利润表

(一)利润表的概念

利润表,也称为收益表或损益表。利润表是揭示企业在一定时期内(月份、季度或年度)经营成果的财务报表。企业在一定期间的经营成果,通常是指企业在一定期间内实现的利润。在内容上,利润是收入和费用相互比较的结果,收入是经营活动中的经济利益的流入,费用是经营活动中发生的耗费和支出,两者相抵后的差额便是利润或亏损。

由于收入和费用是企业在一定的时间长度以内发生的,所以,利润表在性质上属于动态报表的范畴,反映的是企业的资金运动后取得的成果。

利润表所报告的财务信息对会计报表的使用者具有非常重要的作用,已经逐渐成为人们关注的重点报表之一。国内外学者的实证研究表明:在企业财务报告所提供的这些指标中,等级重要性居前三位的指标分别是每股收益、每股净资产及权益收益率,三者都是获利能力指标。在我国,与利润相关的财务指标同样也很受信息使用者关注,中国证监会历次关于上市公司配股条件的控制参数设定、中国权威证券报刊与券商每年进行的"中国上市公司经营业绩排行榜"的评选、投资者和证券分析师们用于评价上市公司获利能力和企业成长所运用的指标均来源于利润表。公司利润表是会计信息使用者进行决策的重要依据。

(二)利润表的作用

利润的多少和发展趋势,不仅是企业生存和发展的关键,也是投资者和债权人关注的焦点。所以,利润表的编制和披露对信息使用者是最为重要的。利润表的作用主要体现在以下四个方面。

1. 有利于分析和预测企业的获利能力

获利能力是指企业运用一定的资产获取利润的能力。获利能力的高低直接关系到投资者回报的多少。假如企业的获利能力强,那么,未来实现的利润就会多,企业可供分配的利润也就会多,通常情况下投资者可以分得较多的红利;反之,若获利能力低,那么,企业分配红利就缺乏足够的物质基础。

所以,投资者可通过利润表披露的信息,对企业的盈利能力做出分析与评价,从而决定是否参与对企业的投资。

2. 有利于分析与预测企业的长期偿债能力

企业的长期偿债能力主要由企业的资本结构和盈利能力决定。在资本结构确定的情况下,获利能力对企业的长期偿债能力有着相当重要的影响。假如企业的获利能力不强,企业资产的流动性和资本结构可能逐步趋于恶化,最终必然会危及企业的偿债能力,使之陷入资不抵债的困境。

所以,管理人员和债权人可以利用利润表的信息,特别是通过各期利润的比较与分析,对企业的长期偿债能力做出评价和预测,以便决定与企业信贷关系的规模。

3. 有利于合理地分配经营成果

投资者及其他利益相关者之所以参与企业的投资与经营活动,其根本目的是获取利润。但企业的利润分配应该有一个合理的尺度,因为若分配过多,会影响到企业未来的持续发展;但是若不分配或者分配少,又会影响到投资者等相关人员的积极性。因此,企业一定要制订合理的利润分配政策和利润分配方案。而利润表所反映的利润方面的信息,就可为这一决策提供依据。

4.有利于考核管理当局的经营业绩

管理当局的业绩可以体现在很多方面,然而最主要还是反映在利润的多少上。可以这样说,利润的多少是企业管理工作是否成功的一个最重要的标准。通过利润变动的分析,企业可以对相关职能部门的工作成效做出评估,以便做出机构增减变动以及相关人员奖惩任免的决定。

(三)利润表的格式

目前较为常用的利润表的格式主要有单步式和多步式两种。单步式利润表是把当期所有收入列在一起,之后把所有的费用列在一起,两项相减得出当期损益。多步式利润表通过对当期的收入、费用、支出项目根据性质加以归类,按照利润形成的主要环节列出一些中间性利润指标,如营业利润、利润总额、净利润等,分步计算出当期损益。

我国《企业会计准则》规定企业的利润表采用多步式格式,主要包括以下五项内容。

1.营业收入

营业收入由主营业务收入和其他业务收入组成。

2.营业利润

营业收入减去营业成本(主营业务成本、其他业务成本)、营业税金及附加、销售费用、管理费用、财务费用、资产减值损失,加上公允价值变动收益、投资收益,即为营业利润。

3.利润总额

营业利润加上营业外收入,减去营业外支出,即为利润总额。

4.净利润

利润总额减去所得税费用,即为净利润。

5.每股收益

每股收益包括基本每股收益和稀释每股收益两项指标。

(四)利润表的编制方法

利润表主要反映企业在某一会计期间(月份、季度、半年度、年度)内的经营成果,因而利润表各项目的数据主要来源于各损益类账户的本期发生额。一般来讲,各收入类项目应根据相应的收入类账户的本期贷方发生额填列,各费用类项目应根据相应的费用类账户的借方发生额填列。

1.利润表各项目"本期金额"栏的编制方法

"本期金额"栏反映的是各项目本期实际发生数,其编制方法如下:

(1)"营业收入"项目,反映企业主要经营业务和其他经营业务取得的收入数额。本项目应根据"主营业务收入"和"其他业务收入"账户发生额分析填列。

(2)"营业成本"项目,反映企业主要经营业务和其他经营业务发生的实际成本。本项目应根据"主营业务成本"和"其他业务成本"账户发生额分析填列。

(3)"营业税金及附加"项目,反映企业销售商品、提供劳务等经营业务应负担的营业税、消费税、资源税、城市维护建设税和教育费附加。本项目应根据"营业税金及附加"账户发生额分析填列。

(4)"销售费用"项目,反映企业在销售商品、提供劳务等经营过程中发生的各项销售费用。本项目应根据"销售费用"账户发生额分析填列。

(5)"管理费用"项目,反映企业发生的各项管理费用。本项目应根据"管理费用"账户发生额分析填列。

(6)"财务费用"项目,反映企业在筹集资金等业务活动中发生的费用。本项目应根据"财务费用"账户发生额分析填列。

(7)"资产减值损失"项目,反映企业计提各项资产减值准备所形成的损失。本项目应根据"资产减值损失"账户发生额分析填列。

(8)"公允价值变动收益"项目,反映企业当期交易性金融资产、交易性金融负债,以及形成公允价值模式计量的投资性房地产、衍生工具、套期保值业务等公允价值变动形成的应计入当期损益的利得或损失。本项目应根据"公允价值变动损益"账户发生额分析填列。

(9)"投资收益"项目,反映企业以各种方式对外投资所取得的收益和损失。本项目应根据"投资收益"账户发生额分析填列。如有投资损失,本项目应以"—"号填列。

(10)"营业利润"项目,反映企业本期实现的营业利润,如为亏损总额,则本项目以"—"号填列。本项目应根据表中上述各项目计算得出。

(11)"营业外收入"项目,反映企业生产经营活动无直接联系的各项收益。本项目应根据"营业外收入"账户发生额分析填列。

（12）"营业外支出"项目，反映企业生产经营活动无直接联系的各项支出。本项目应根据"营业外支出"账户发生额分析填列。

（13）"利润总额"项目，反映企业本期实现的利润总额，如为亏损总额，则本项目以"－"号填列。本项目应根据"利润总额＝营业利润＋营业外收入－营业外支出"公式计算填列，也可根据"本年利润"账户发生额分析填列。

（14）"所得税费用"项目，反映企业按规定从本期损益中扣除的所得税费用。本项目应根据"所得税费用"账户借方发生额分析填列。

（15）"净利润"项目，反映企业税后的利润。本项目应根据"利润总额－所得税＝净利润"公式计算填列。也可以根据"本年利润"账户发生额分析填列，如为亏损，应以"－"号填列。

（16）"每股收益"项目，普通股或潜在普通股企业以及正处于公开发行普通股或潜在普通股过程中的企业应当在利润表中单独列示基本每股收益和稀释每股收益。

①基本每股收益。企业应当按照归属于普通股股东的当期净利润，除以发行在外普通股的加权平均数计算基本每股收益。

发行在外普通股加权平均数＝期初发行在外普通股股数＋当期新发行普通股股数×已发行时间÷报告期时间－当期回购普通股股数×已回购时间÷报告期时间、已发行时间、报告期时间和已回购时间一般按照天数计算；在不影响计算结果合理性的前提下，也可以采用简化的计算方法。

②稀释每股收益。企业存在稀释性潜在普通股的，应当分别调整归属于普通股股东的当期净利润和发行在外普通股的加权平均数，并据以计算稀释每股收益。稀释性潜在普通股，是指假设当期转换为普通股会减少每股收益的潜在普通股。潜在普通股，是指赋予其持有者在报告期或以后期间享有取得普通股权利的一种金融工具或其他合同，包括可转换公司债券、认股权证、股份期权等。

计算稀释每股收益，应当根据下列事项对归属于普通股股东的当期净利润进行调整（应考虑相关的所得税影响）：当期已确认为费用的稀释性潜在普通股的利息；稀释性潜在普通股转换时将产生的收益或费用。

计算稀释每股收益时,当期发行在外普通股的加权平均数应当为计算基本每股收益时普通股的加权平均数与假设稀释性潜在普通股转换为已发行普通股而增加的普通股股数的加权平均数之和。计算稀释性潜在普通股转换为已发行普通股而增加的普通股股数的加权平均数时,以前期间发行的稀释性潜在普通股,应当假设在当期期初转换;当期发行的稀释性潜在普通股,应当假设在发行日转换。

2.利润表各项目"上期金额"栏的编制方法

各项目的"上期金额"可以根据上期利润表该项目的"本期金额"栏的数字填列。如果上年利润表的项目名称和内容与本年利润表项目不一致,应对上年利润表项目的名称和数字按本年度的规定调整。

三、现金流量表

(一)现金的概念

现金流量表是以现金为基础编制的。根据《企业会计制度》中的规定,现金流量表中的现金主要包括现金及现金等价物。

1.现金

现金流量表中的现金是指企业库存现金和可以随时用于支付的存款,如银行活期存款及具有银行活期存款性质可以随时存取而不受任何限制的其他项目,包括"现金"账户核算的现金以及"银行存款"账户核算的存入金融企业、可以随时用于支付的存款以及"其他货币资金"账户核算的外埠存款、银行汇票存款、银行本票存款和信用卡存款等其他货币资金。不能随时用于支付的存款,比如不能随时支取的定期存款、受限制的境外存款等,不能作为现金。但提前通知金融企业便可支取的定期存款也应包括在现金范围内。

2.现金等价物

现金等价物是指企业持有的期限短、流动性强、易于转换为已知金额现金、价值变动风险很小的投资。其中,期限短是指从购买日起3个月内到期的投资。现金等价物虽然不是现金,但其支付能力与现金的差别不大,可视为现金。一项投资是不是现金等价物,一定要同时具备"期限短、流动性强、易于转换为已知金额现金、价值变动风险很小"这几个条件。

(二)现金流量表的含义和作用

所谓现金流量表,是综合反映企业一定会计期间内现金和现金等价物(以下简称现金)流入、流出及其增减变化情况的会计报表。它是一张动态报表。

现金流量表是企业管理层、投资者和债权人非常关心的重要数据。其编制目的主要是分类提供企业一定时期现金收入和现金流出的信息,让会计报表使用者通过阅读现金流量表,对企业未来的现金流量做出评估,对企业的变现能力、支付股利能力、对外筹资能力和偿债能力等做出正确评价。具体来说,通过现金流量表以及其他报表和相关信息可以评估企业以下几方面的事项。

(1)预测企业未来获得或支付现金的能力。

(2)企业偿还债务和支付企业所有者的投资回报(如股利)的能力。

(3)会计年度内影响或不影响现金的投资活动和筹资活动。

(4)经营过程中企业的净利润和经营活动所产生的净现金流量发生差异的原因。

(5)企业主体向外界筹集资金的必要性。

(三)现金流量及其分类

1.现金流量

现金流量是指现金的流动量,分为现金流出量和现金流入量。前者会导致企业现金总量的减少,后者会导致企业现金总量的增加。对于一家企业而言,某一时期的现金变动净额就是两者相抵后的差额。现金流量表在分项目显示现金流量变化时,不仅平行地揭示现金流出量和流入量,还反映了两者之间的差额。这样,通过现金流量表,既可以看出企业现金流量变动的结果,也可以了解其变动的过程和原因。

企业现金流量增减变化的原因,可以从多种角度进行分类与分析。假如从会计要素之间相互转化这一方面来分析,现金流出量是资产(除现金之外)增加和负债、所有者权益减少带来的结果。其关系可表示为如下公式:

现金减少额＝负债减少带来的现金减少额＋所有者权益减少而导致的现金减少额＋非现金性资产增加而引起的现金减少额

现金流入量(增加额)是非现金资产减少、负债增加和所有者权益增加所致。这一关系可用下式表示：

现金增加额＝负债增加带来的现金增加额＋所有者权益增加导致的现金增加额＋非现金性资产转化而带来的现金增加额

要注意的是,企业现金形式的转换不会产生现金流入和流出量。比如企业从银行提取现金,这是一种现金形式之间的转化,并不构成现金流量。

现金流量还可以按照交易的性质进行分类。照此标准,可把现金流量分为投资活动的现金流量、经营活动的现金流量和筹资活动的现金流量,这种分类是现金流量表的主要分类方法。现金流量表的结构就是按照这种分类法进行设计的。

2.现金流量的分类

现金流量按照交易的性质进行分类,可分为三大类,即投资活动产生的现金流量、经营活动产生的现金流量和筹资活动产生的现金流量。

(1)投资活动产生的现金流量

投资活动,是指企业长期资产的购建和不包括在现金等价物范围内的投资及其处置活动。编制现金流量表所指的"投资"既包括对外投资,又包括长期资产的购建与处置。投资活动包括取得和收回投资、购建和处置固定资产、购买和处置无形资产等。通过投资活动产生的现金流量,可以判断投资活动对企业现金流量净额的影响程度。

(2)经营活动产生的现金流量

经营活动,是指企业投资活动和筹资活动以外的所有交易和事项,包括销售商品或提供劳务、购买商品或接受劳务、收到的税费返还、支付职工薪酬、支付各项税费、支付广告费用等。通过经营活动产生的现金流量,可以说明企业的经营活动对现金流入和流出的影响程度,判断企业在不动用对外筹得资金的情况下,是否足以维持生产经营、偿还债务、支付股利、对外投资等。

与一般企业相比,金融企业的经营活动性质不同,对经营活动产生的现金流量项目认定存在一定差异。在编制现金流量表时,应当根据本企业的实现情况,对经营活动产生的现金流量项目进行合理归类。

（3）筹资活动产生的现金流量

筹资活动，就是指导致企业资本及债务规模和构成发生变化的活动。筹资活动包括发行股票或接受投入资本、分派现金股利、取得和偿还银行借款、发行和偿还公司债券等。通过筹资活动产生的现金流量，可以分析企业通过筹资活动获取现金的能力，从而判断筹资活动对企业现金流量净额的影响程度。

企业在编制现金流量表的过程中，对现金流量予以分类时，对于没有特别指明的现金流量，应当根据现金流量的分类方法和重要性原则，判断某项交易或事项所产生的现金流量应当归属的类别或项目，对于重要的现金流入或流出项目应单独反映。对于自然灾害损失、保险索赔等特殊项目，要根据其性质，分别归并到投资活动、经营活动和筹资活动现金流量类别中单独列报。

（四）现金流量表的编制方法

1.现金流量表的填列项目

（1）经营活动产生的现金流量

相关经营活动现金流量的信息，可通过企业的会计记录取得，也可根据下列项目对利润表中的营业收入、营业支出以及其他项目进行调整后取得：当期存货及经营性应收和应付项目的变动，固定资产折旧、无形资产摊销、计提资产差值准备等其他非现金项目，属于投资活动或筹资活动现金流量的其他非现金项目。

②"销售商品、提供劳务收到的现金"项目。此项目反映企业销售商品、提供劳务实际收到的现金（包括应向购买者收取的增值税销项税额），包括本期销售商品、提供劳务收到的现金，以及前期销售商品、提供劳务于本期收到的现金和本期预收的款项，减去用于支付本期退回的本期和前期销售的商品的现金。企业销售材料和代购代销业务收到的现金，也在本项目反映。本项目可以根据"库存现金""银行存款""应收账款""应收票据""预收账款""主营业务收入""其他业务收入"等科目的记录分析填列。

②"收到的税费返还"项目。此项目反映企业收到返还的各种税费，包括收到返还的增值税、消费税、营业税、关税、所得税、教育费附加等。

本项目可以根据"库存现金""银行存款""营业外收入""其他应收款"等科目的记录分析填列。

③"收到的其他与经营活动相关的现金"项目。此项目反映企业除了上述各项目外,所收到的其他与经营活动相关的现金,比如罚款、流动资产损失中由个人赔偿的现金、经营租赁租金等。若某项其他与经营活动相关的现金流入金额较大,应单列项目反映。本项目可以根据"库存现金""银行存款""营业外收入"等科目的记录分析填列。

④"购买商品、接受劳务支付的现金"项目。此项目反映企业购买商品、接受劳务实际支付的现金(包括增值税进项税额),包括本期购入材料、商品、接受劳务支付的现金,以及本期支付前期购入商品、接受劳务的未付款项和本期预付款项,减去本期发生的购货退回收到的现金。企业代购代销业务支付的现金也在本项目反映。

⑤"支付给职工以及为职工支付的现金"项目。此项目反映企业实际支付给职工,以及为职工支付的现金,包括本期实际支付给职工的工资、奖金、各种津贴和补贴等,以及为职工支付的其他费用。企业代扣代缴的职工个人所得税也在本项目反映。不包括支付的离退休人员的各项费用和支付给在建工程人员的工资及其他费用。

⑥"支付的各项税费"项目。此项目反映企业按照规定支付的各种税费,包括企业本期发生并支付的税费,以及本期支付以前各期发生的税费和本期预交的税费,包括所得税、增值税、营业税、消费税、印花税、房产税、土地增值税、车船使用税、教育费附加、矿产资源补偿费等,但不包括计入固定资产价值、实际支付的耕地占用税,也不包括本期退回的增值税、所得税。本期退回的增值税、所得税在"收到的税费返还"项目反映。

⑦"支付的其他与经营活动相关的现金"项目。此项目反映企业除上述各项目外所支付的其他与经营活动相关的现金流出。比如经营租赁支付的租金、支付罚款、差旅费、业务招待费、保险费等。

(2)投资活动产生的现金流量

①"收回投资所收到的现金"项目。此项目反映企业出售、转让或到期收回除现金等价物以外的对其他企业的权益工具、债务工具和合营中的权益等投资收到的现金。收回债务工具实现的投资收益、处置子公司

及其他营业单位收到的现金净额不包括在本项目内。

②"取得投资收益所收到的现金"项目。此项目反映企业因股权性投资和债权性投资而取得的现金股利、利息，以及从子公司、联营企业和合营企业分回利润收到的现金。不包括股票股利。

③"处置固定资产、无形资产和其他长期资产所收回的现金净额"项目。此项目反映企业出售、报废固定资产、无形资产和其他长期资产收到的现金（包括因资产毁损收到的保险赔偿款），减去为处置这些资产而支付的相关费用后的净额。如所收回的现金净额为负数，则应在"支付其他与投资活动相关的现金"项目反映。

④"处置子公司及其他营业单位收到的现金净额"项目。此项目反映企业处置子公司及其他营业单位所取得的现金，减去相关处置费用以及子公司及其他营业单位持有的现金和现金等价物后的净额。

⑤"收到的其他与投资活动相关的现金"项目。此项目反映企业除了上述各项以外，收到的其他与投资活动相关的现金流入。若其他现金流入价值较大的，应单列项目反映。

⑥"购建固定资产、无形资产和其他长期资产所支付的现金"项目。此项目反映企业购买、建造固定资产，取得无形资产和其他长期资产实际支付的现金，以及用现金支付的应由在建工程和无形资产负担的职工薪酬，不包括为购建固定资产而发生的借款利息资本化部分，以及融资租入固定资产支付的租赁费。

⑦"投资所支付的现金"项目。此项目反映企业取得除现金等价物以外的对其他企业的权益工具、债务工具和合营中的权益投资所支付的现金，以及支付的佣金、手续费等交易费用，但取得子公司及其他营业单位支付的现金净额除外。

⑧"取得子公司及其他营业单位支付的现金净额"项目。此项目反映企业购买子公司及其他营业单位购买出价中的现金部分，减去子公司及其他营业单位持有的现金和现金等价物后的净额。

⑨"支付的其他与投资活动相关的现金项目"。此项目反映企业除了

上述各项以外所支付的其他与投资活动相关的现金流出。

(3)筹资活动产生的现金流量

①"吸收投资所收到的现金"项目。此项目反映企业以发行股票、债券等方式筹集资金实际收到的款项,减去直接支付的佣金、手续费、咨询费、宣传费、印刷费等发行费用后的净额。

②"取得借款收到的现金"项目。此项目反映企业举借各种短、长期借款所收到的现金。

③"收到的其他与筹资活动相关的现金"项目。此项目反映企业除上述各项目外所收到的其他与筹资活动相关的现金流入,比如接受现金捐赠等。

④"偿还债务所支付的现金"项目。此项目反映企业以现金偿还债务本金所支付的现金,包括偿还金融企业的借款本金、偿还债券本金等。

⑤"分配股利、利润或偿还利息所支付的现金"项目。此项目反映企业实际支付的现金股利,支付给其他投资单位的利润或用现金支付的借款利息、债券利息等。

⑥"支付的其他与筹资活动相关的现金"项目。此项目反映企业除了上述各项外所支出的其他与筹资活动相关的现金流出,比如捐赠现金支出、融资租入固定资产支付的租赁费等。

⑦"汇率变动对现金的影响"项目。此项目反映企业外币现金流量及境外子公司的现金流量折算为人民币时,所用的现金流量发生日的汇率或平均汇率折算的人民币金额与"现金及现金等价物净增加额"中外币现金净增加额按照期末汇率折算的人民币金额之间的差额。

2.现金流量表的编制方法

(1)直接法

所谓直接法,就是指按照现金收入和现金支出的主要类别直接反映企业经营活动产生的现金流量。用直接法计算经营活动现金流量,其特点是根据本期营业收入作为起算点,调整与经营活动有关的流动资产和流动负债的增与减的变化,把利润表中以权责发生制为基础计算的收入与费用项目,转换成以收付实现制为基础计算的收入与费用。

直接法的优点体现在能够反映经营活动产生的现金净流量的中间信息。

(2)间接法

所谓间接法,就是以净利润为基础来调节不牵涉现金的收入。间接法的特点是以本期净利润(净亏损)为起算点,调整不牵涉现金的收入、费用、营业外收支等相关项目,据此计算出经营活动产生的现金流量。

间接法的优点体现在能够反映净收益与经营活动产生的现金净流量的差异,编制方法也较为简单。

财政部门颁布的《现金流量表》准则要求,企业应该要采用直接法报告经营活动产生的现金流量,并要求企业在报表附注中披露把净利润调节为经营活动产生的现金流量的信息。

第三节 会计报表的分析方法

一、会计报表分析的目的

对会计报表进行分析的目的可以概括为如下四个方面:

(1)对于企业的经营管理人员以及会计报表的其他使用人员来说,由于企业是自主经营、自负盈亏的经济实体,其经营目标是追求企业利润的最大化,所以可以通过会计报表分析对企业的财务状况、盈利能力、资产使用效率以及未来持续发展的可能性进行全面了解,并对企业的经营情况和财务管理工作进行监控,以便及时发现问题,并采取措施加以解决。

(2)对于企业的投资者来说,因为投资者承担的风险最大,所以在所有的会计信息使用者中,投资人对会计信息的需求量最全面也最大,他们所关心的是投资回报率、股利分配情况、财务风险等信息。投资回报率取决于企业的盈利能力和企业管理者对资产的营运能力。与此同时,作为企业经营风险的最终承担者,他们也非常关心企业的偿债能力。所以,从投资者的角度进行会计报表分析,主要是分析企业的获利能力、对资产的营运能力以及企业的偿债能力。要说明的是,对不同类型的投资者而言,其分析的侧重点可能有所不同。

(3)对于企业的债权人来说,因为贷款利息是相对固定的,债权人的收益也具有固定性的特点。不管企业的利润多高,债权人所得到的仅限于合同规定的利息。当然,假如企业出现亏损或陷入财务困境,债权人也可能连本带利均难以收回,而资产是企业偿还债务的基础,所以他们最关心的是他们提供的债权到期是否能按期收回本金和利息。对于提供短期信用的债权人而言,他们主要关心的是企业当前的资本结构、流动资产的变现能力以及企业的短期偿债能力;对于向企业提供长期信用的债权人而言,由于权益资本与借贷资本的比例直接影响到长期债权人借贷资金的安全,所以他们更关心企业未来的现金流量、长期盈利能力以及企业的资本结构。

(4)对政府及相关管理部门来说,他们最关心的是企业的社会效益、国有资本的保值增值情况、来自企业的财政收入、企业经营的合法合规性等。通过会计报表分析,可以审查企业纳税申报数据的计算是否正确,是否及时履行了纳税义务.是否遵守了政府的相关法规和市场秩序,以及了解职工就业和收入情况等。

二、财务报表分析的基本方法

财务报表分析的主要方法有比较分析法、比率分析法和因素分析法三种。

(一)比较分析法

比较分析法是指把报表中的有关项目或同一项目不同时期的数值加以比较分析,从而揭示出项目的结构或变化趋势的一种分析方法。根据比较的范围和对象的不同,比较分析法有多种形式,其中主要的有两种,即趋势比较分析和结构比较分析。

在采用趋势比较分析法时,一般使用两种方法:一是把前一年作为后一年的基期进行比较,即每一年的数值均与它前一年的数值进行比较,求出两者的变化比率,这种方法又称为环比百分比法。它的优点是可以反映出逐年变化的情况,其不足之处在于无法反映出逐年变化的累计影响。另一种方法是以某一年度为基期,以后每年的数值均与基期的数值进行比较,计算出两者的变动比率,这种方法又称为定基百分比法。

(二)比率分析法

比率分析法就是把财务报表中的一个或多个项目与其他项目进行对比,计算出两者之间的比值,从而揭示出财务报表项目之间的逻辑关系及其量值的一种分析方法。此法是财务报表分析中最基本、最常用的方法,主要适用于企业财务状况和经营成果的分析。

在实际工作中,许多指标的比值已成为标准值,被人们普遍作为参照数值使用。会计报表的比率分析,经常采用的方法有以下几种形式。

1. 相关比率分析

这种分析方法是指根据经济活动中存在的相互依存关系,把同一时期会计报表上的两个性质不同但又相关的项目进行对比,计算比率指标,以此评价企业的财务状况和经营成果。

2. 构成比率分析

这种分析方法是指通过计算同一会计报表中某个项目的组成部分占总体的比率,来评价企业的经济活动。

3. 趋势比率分析

这种分析方法是把连续几期会计报表上的同一项目加以对比,求出比率,分析其增减速度和发展趋势,以判断企业某方面业务的趋势,并从其变化中发现企业在经营方面所取得的成绩或存在的不足。

利用比率分析法进行会计报表分析,不但计算简便,而且对其结果也较容易判断;可以使某些指标在不同规模的企业之间进行比较,甚至也能在一定程度上超越行业间的差别进行比较。但是,在使用比率分析法时要注意,所选择的项目之间要有一定的逻辑关系,这种逻辑关系通常表现为某种因果联系;反之,若把两个毫无关联性的项目进行比较,虽然也可以计算出一个比值,但却没有任何经济意义和分析使用价值。

(三)因素分析法

因素分析法,又称为因素替换法或连环替代法,它是从数值上测定几个相互联系的因素对某一综合经济指标或报表项目影响程度的方法。因素分析法可用于对由多种因素构成的综合性指标进行分析,比如利润、销售收入、资产报酬率、资产周转率等。这些指标的变动通常是多种因素综合作用的结果,使用此法可以查明各相关因素对某一项目的影响程度,有利于分清经济责任,找出主要因素,缩小研究面,以便于集中精力,抓住主要矛盾,解决问题,对评价企业各方面的经营管理工作也更有说服力。一般而言,通过比较分析法和比率分析法,可以确定这些指标的数值和差异,却不能说明差异产生的原因和各因素的影响程度。而运用因素分析法,则可以确定各因素变动对该指标的影响程度,以便找出关键的、主要的因素,采取措施加以解决。所以,因素分析法可看作是比较分析法和比率分析法的延续,其应用是建立在前述方法基础之上的。

三、财务报表分析的基本内容

根据财务报表中大量的数据,可以计算出很多有意义的比率,这些比率牵涉到企业经营管理的各个方面。按照比率的性质和其在财务报表分析与评价中的作用,通常把财务比率分为四大类:变现能力比率、资产管理能力比率、负债比率和盈利能力比率。变现能力比率主要用于分析短期偿债能力;资产管理能力比率常用于分析资产管理效率;负债比率主要用来反映企业偿付长期债务的能力;盈利能力比率则用于分析企业获利能力的大小。

(一)变现能力比率分析

变现能力就是企业产生现金的能力,它取决于在近期转变为现金的流动资产的多少。在财务比率中,能反映变现能力的主要有流动比率和速动比率。

1.流动比率

流动比率是衡量企业偿付短期债务能力最常用的一种比率,是企业的流动资产与其流动负债的比率。其计算公式如下:

$$流动比率＝流动资产÷流动负债$$

此比率是评价企业用流动资产偿还流动负债能力的一种指标,说明企业每一元流动负债有多少流动资产可作为支付的保证。流动资产高于流动负债,说明企业有偿还债务的能力。假如流动比率低,则说明企业偿还债务的能力差,企业可能面临着到期偿还不了债务的困难;如果流动比率越高,就说明企业偿还债务的能力越大,企业的安全程度就越高。然而,流动比率如果过高,就可能出现资金呆滞,会给企业带来不良后果,因为流动比率过高可能意味着企业持有较多不能盈利的闲置资产。根据实际经验,通常认为流动比率保持在 2 左右比较好。

2.速动比率

流动比率尽管可用来评价流动资产总体的变现能力,但是人们(尤其是短期债权人)还是希望有一个比流动比率更能反映即时偿债能力的比率指标。这个指标就是速动比率,也称为酸性测试比率,其计算公式为:

$$速动比率＝(流动资产－存货)÷流动负债$$

从公式中可以看出,在计算速动比率的时候,要把存货从流动资产中剔除,原因就是在流动资产中存货的变现速度最慢,且由于某些原因,部分存货可能已损失报废还没做处理。所以,把存货从流动资产总额中扣除后再计算出的变现能力指标,更加令人信服。

一般认为正常的速动比率为 1,低于 1 的速动比率说明短期偿债能力偏低。但是,因为行业的性质不同,企业的速动比率也会有很大差别。对于大量进行赊销的企业来说,即使速动比率大于 1 也未必就正常。相反,对大量采用现金销售的商店来说,低于 1 的速动比率也是很正常的。所以,在运用速动比率评价企业的短期偿债能力时,要考虑企业的行业特性和企业的信用政策等方面的因素,不能以速动比率这一单个指标轻易下结论。

(二)资产管理比率分析

资产管理比率是用来衡量企业在资产管理方面的效率的财务比率,主要包括存货周转率、应收账款周转天数、流动资产周转率。

1.存货周转率

存货是企业的一项重要资产,其周转速度的快慢会直接影响到企业资金的变现能力,从某一角度来说,也反映了企业经营管理水平的高低。衡量存货周转速度的指标有存货周转率(存货周转次数)和存货周转天数。通常,存货周转率越高,就表明存货周转速度越快,存货周转天数越短,企业的经营管理水平就越高,资金的变现能力就越强。其计算公式如下:

$$存货周转率=销售成本÷存货平均余额$$

$$存货周转天数=360÷存货周转率$$

其中,销售成本就是主营业务成本;存货平均余额就是存货期初余额和期末余额的平均数。

2.应收账款周转天数

表明应收账款周转速度的指标就是应收账款周转率;用时间表示的周转速度指标,就是应收账款的周转天数。应收账款周转率反映年度内应收账款转化为现金的平均次数,而应收账款周转天数则反映企业从取得应收账款的权利到收回款项、转换为现金所需的时间。两者的计算公式为:

$$应收账款周转率=销售收入÷平均应收账款$$

$$应收账款周转天数=360÷应收账款周转率$$

公式中的"销售收入"数来自利润表;"平均应收账款"是指未扣除坏账准备的应收账款金额,也就是资产负债表中应收账款项目的"期初数"与"期末数"两者的平均值。

通常,应收账款周转率越高,平均收账期越短,就说明应收账款的收回越快;反之,则说明企业的营运资金过多地呆滞在应收账款上,从而影响正常的资金周转。

(三)负债比率分析

负债比率是指债务和资产、净资产的关系,它反映的是企业偿付到期长期债务的能力。

企业对一笔债务要负两种责任:一是偿还债务本金的责任;二是支付债务利息的责任。分析一家企业的长期偿债能力,就是为了确定该企业偿还债务本金与支付债务利息的能力。具体的分析方法是:通过财务报表中相关数据来分析权益与资产之间的关系,分析不同权益之间的内在关系,分析权益与收益之间的关系,计算出一系列的比率,可以看出企业的资本结构是否健全合理,从而评估企业的长期偿债能力。

1.资产负债率

资产负债率,又叫负债比率、举债经营比率,是企业负债总额与资产总额之间的比率。资产负债率体现的是企业资产总额中有多大比例是依靠借贷筹集的。资产负债率越高,说明企业利用债权人资金进行经营活动的能力越强,可为投资人带来较多的利益;但也说明企业的债务负担越重,不能偿还的可能性也就越大,债权人的风险也越高。通常情况下,企业的资产负债率要保持在50%左右,这样既说明企业有较好的偿债能力,又充分利用了负债进行经营的能力。其计算公式为:

$$资产负债率=负债总额÷资产总额$$

2.负债所有者权益比率

负债所有者权益比率,是指企业的负债总额和所有者权益总额之间的比率,它所反映的是债务资本与权益资本的对比关系。其计算公式为:

$$负债所有者权益比率=负债总额÷所有者权益总额$$

从债权人的角度来看,负债所有者权益比率越高,就说明风险越大,因此该指标是越低越好。该指标越低,就表明企业自有资本越雄厚,债权人投入资金受所有者权益保障的程度越大,债权人就越有安全感。所有者权益是债权人利益的最终保障,假如负债总额超出所有者权益总额,债权人将承担较大的经营风险,企业如果破产清算,债权人就会难以收回资金。因此,该指标也不是越高就越好。一般认为,该指标应维持在1

左右。

(四)盈利能力比率分析

盈利能力又称获利能力,是指企业赚取利润的能力。无论是投资人、债权人还是企业管理人员,都特别重视和关心企业的盈利能力。

通常情况下,企业的盈利能力只牵涉到正常的营业状况,就是指企业在正常状态下获取利润的能力。尽管非正常的事项也可能会给企业带来利得或损失,并最终改变利润总额的构成,但这些特殊情况没有连续性和普遍性,并不能够形成或影响企业的获利能力。所以,在计算和分析企业的盈利能力时,要把非正常事项的影响除掉。

反映企业盈利能力的财务比率较多,通常使用的有销售净利率、资产净利率和净值报酬率。

1. 销售毛利率

销售毛利率,是指企业销售毛利(销售收入净额扣除销售成本后的余额)与销售收入净额之间的比率,揭示了企业销售商品或提供劳务的初始获利能力。该指标越高,说明企业销售成本占收入的比例越低,可用于弥补各项期间费用和形成利润的能力越强。计算公式如下:

销售毛利率=销售毛利÷销售收入净额×100%=(销售收入净额-销售成本)÷销售收入净额×100%

2. 销售利润率

销售利润率,是指企业税前利润与销售收入净额之间的比率,反映企业每百元销售收入净额给企业带来的利润。该指标越高,就说明企业经营活动的获利能力越强。连续计算几年的销售利润率并加以比较,可以评价企业获利能力的发展趋势。其计算公式为:

销售利润率=利润总额÷销售收入净额×100%

3. 资本保值增值率

资本保值增值率,就是指期末所有者权益与期初所有者权益之间的比率。其计算公式为

资本保值增值率=期末所有者权益总额÷期初所有者权益总额

×100％

当资本保值增值率等于 1 时,说明期末所有者权益不增不减,投资者的投资得到保值;当资本保值增值率大于 1 时,说明期末所有者权益增加,投资者的投资得到增值。在具体对该指标进行分析时,要从分子中扣除由于客观因素引起的所有者权益增加的数额,并考虑企业的利润分配情况和通货膨胀因素的影响。

4.已获利息倍数

从债权人的角度来看,他们向企业投资时,除了计算上述资产负债率、审查企业借入资本占全部资本的比例外,还要计算已获利息倍数。利用这一比率,也可以测试债权人投入资本的风险。已获利息倍数指标是指企业经营业务收益与利息费用的比率,用来衡量偿付借款利息的能力,也叫利息保障倍数。其计算公式如下:

已获利息倍数＝息税前利润÷利息费用

公式中的"息税前利润"是指利润表中未扣除利息费用和所得税之前的利润,可以用"利润总额"加"利息费用"来测算。因为我国现行利润表"利息费用"没有单列,而是混在"财务费用"之中,外部报表使用人只能用"利润总额"加"财务费用"来估计。

公式中的分母"利息费用"是指本期发生的全部应付利息,不但包括财务费用中的利息费用,还包括计入固定资产成本的资本化利息。资本化利息虽然未在利润表中扣除,但仍然是要偿还的。已获利息倍数的重点是衡量企业支付利息的能力,没有足够大的息税前利润,利息的支付就会发生困难。

已获利息倍数指标反映企业经营收益为所需支付的债务利息的多少倍。只要已获利息倍数足够大,企业就有充足的能力偿付利息,否则相反。那么,怎样合理确定企业的已获利息倍数? 这就需要把该企业的这一指标与其他企业的,特别是与本行业平均水平进行比较,来分析决定本企业的指标水平。

结合这一指标,企业可以测算一下长期负债与营运资金的比率,该比率是用企业的长期债务与营运资金相除计算的。其计算公式如下：

长期债务与营运资金比率＝长期负债÷（流动资产－流动负债）

通常情况下，长期债务不应超过营运资金。长期债务会随时间延续不断地转化为流动负债，并需要用流动资产来偿还。保持其债务不超过营运资金，就不会因这种转化而造成流动资产小于流动负债，从而使长期债权人和短期债权人都感到贷款有安全保障。

5. 主营业务利润率

主营业务利润率是主营业务利润与主营业务收入的百分比，其计算公式为

主营业务利润率＝主营业务利润÷主营业务收入×100％

主营业务利润率指标反映公司的主营业务获利水平，只有当公司主营业务突出，即主营业务利润率较高的情况下，才能在竞争中占据优势地位。

6. 普通股每股收益额

普通股每股收益额，指的是每股普通股可享有的净利润额。它直观地反映了企业经营活动成果中投资者所能取得的份额，也被称为每股盈余、每股利润等。其计算公式如下：

普通股每股收益额＝（净收益－优先股股利）÷平均对外发行普通股股数

该比率不但反映了企业的获利能力，还直接反映了股东的获利能力。在美国等发达资本市场上，每股盈余已成为资本市场上十分重要的一项指标，它是影响股票价格的一个重要因素。在其他条件不变的前提下，该比率越大，说明企业的获利能力越强，股票市价相应越高。所以，这一指标成为股票市场比较企业业绩、股东比较各企业股票潜在价值的重要依据。

7. 市盈率

市盈率，也被称为价格与收益比率，指的是普通股每股市价与普通股每股收益额的比率。其计算公式如下：

市盈率＝普通股每股市价÷普通股每股收益额

通常,市盈率越低,说明企业股票市价的上升潜力越大,对投资者的吸引力也就越大。在投资分析中,市盈率是用来判断股票是否有吸引力,用来测算股票发行价格是否合理的重要依据。市盈率的运用也要结合企业所处的行业、企业的其他指标等综合考虑。

第五章　现代经济管理中的
企业经营策略分析

第一节　预测与决策

一、预测的具体内容

(一)预测的概念

预测是指已知事件去推测未知事件,根据历史信息推测未来信息。具体地说,就是根据历史资料和现在的信息,运用一定的科学预测方法,对未来经济活动可能产生的经济效益和发展趋势做出科学预计和推测的过程。

(二)预测的意义

第一,经济预测是企业进行经营决策的基础和依据。在市场经济条件下,企业的生存发展与市场息息相关,企业的经营决策离不开科学的经营预测。企业的经营预测就是要在销售预测的基础上,通过成本、利润和资金需求量的预测等,为企业的经营决策提供基础和依据。

第二,经济预测有利于提高企业竞争力。企业依靠科学的预测,可以充分了解竞争的形势和竞争对手的情况,通过采取合理的策略,在竞争中争取主动,从而提高竞争能力。

第三,经济预测是企业进行科学管理的基础。现代企业管理中大量采用全面预算、目标成本管理、绩效考评等科学管理手段,而这些手段都必须建立在科学的预测基础之上,科学的预测为科学管理提供了依据。

(三)预测的原则

1.延续性原则

延续性原则是指过去和现在的某种发展规律将会延续下去,并假设决定过去和现在发展的条件同样适用于未来。经济预测根据这一原则,就可以把未来作为过去和现在的延伸进行推测。

2.相关性原则

相关性原则是指企业经营活动过程中的一些经济变量之间存在相互依存、相互制约的关系。经济预测可以根据这一原则,利用这些经济变量之间存在的相互依存、相互制约的关系来推测经济活动发展的规律。

3.统计规律性原则

统计规律性原则是指企业经营活动过程中对于某个经济变量多次观测的结果会出现某种统计规律性的情况。经济预测可以根据这一原则,利用概率分析及数理统计的方法进行推测。

4.实事求是原则

实事求是原则要求依据真实可靠的数据信息进行预测,收集数据信息时,要从实际出发,既要收集有利条件下的信息,也要收集不利因素的信息。

5.成本效益原则

成本效益原则是指预测活动本身花费的成本不应该超出其带来的收益。

(四)预测的程序

经济预测的程序随着预测目的和采用的方法不同而有所不同,没有固定不变的统一步骤,但对于不同的预测,尤其是定量预测,其预测过程有着相同之处。一般地说,经济预测的程序大致如下。

1.确定预测目的

进行一项预测,必须先确定预测的具体目的。确定预测目的,要从决策和管理的需要出发,紧密地联系实际情况,确定预测要解决的问题。只有目的明确具体,才能根据预测目的去收集所需资料,选择预测方法,从而收到较好的效果。

2.收集整理资料

根据预测目的和所选用的方法,收集所需要的资料。资料力求完整、准确、可靠和适用,并对所收集的大量资料进行分析整理,对有些资料还需要进行适当的调整,以供预测模型采用。收集资料,一方面可以查阅现行的国内外统计资料;另一方面就是做市场调查。

3.选择预测模型和方法

通过对资料的分析和推理判断,揭示所要预测的经济现象的变化趋势及与之相关联的结构关系,根据经济理论选择建立描述预测对象与有关因素之间数量关系的预测模型和方法。在资料不完备的情况下,可采用定性预测方法。

4.利用模型进行预测

对于所建立的预测模型,如果模型中含有参数,则需要对参数进行估计,并进行经济检验和统计检验,经过检验或修正之后,如果模型是正确的,则可利用模型进行预测。

5.分析预测误差

预测误差分析就是利用选定的预测模型和方法对样本计算出预测值,求出相应的预测误差,通过误差分析,可进一步修改模型,提高预测精度。同时也可选用不同的方法或建立不同的模型进行预测,对每种方法进行评价,从而选用适当的方法和模型。

6.提出预测报告

把通过以上各步骤所得的预测结果写成报告,向有关部门上报或以一定的形式对外公布发表,即提供和发布预测信息,供有关部门、企业决策时参考和应用。

(五)经济预测的分类

为了便于对预测进行研究,可以从不同的维度对经济预测进行分类。

一般说来,主要有以下三种分类。

1.按照预测结果的属性分类

(1)定性经济预测

定性经济预测是指预测者根据一定的经济理论,在对经济发展的历史和现状进行分析的基础上,对经济发展的未来趋向作出判断,进行预测的方法。它适用于数据资料较少、难于量化的一些经济问题,以及一些无先例可循的经济问题,如新产品的销售问题等。定性预测的准确度主要取决于预测者的经验、理论、业务水平及分析判断能力。

(2)定量经济预测

定量经济预测是从历史数据入手,利用经济统计方法对历史数据进行推算或利用数学模型推导预测值的方法。其预测结果表现为一定的数量形式。随着经济的发展,定量经济预测已成为主要的经济预测。

定性经济预测和定量经济预测的分类不是绝对的,而是相互补充、互相渗透的,即定性经济预测中不排斥定量经济预测的判断,定量经济预测也不排斥定性经济预测的判断。

2.按照预测的范围分类

(1)宏观经济预测

宏观经济预测是对大系统总体的、综合性的预测,是对整个国民经济、一个地区、一个部门的经济发展前景的预测,一般以社会经济总体发展作为对象,预测其总量指标之间的联系变化和发展趋向。例如,国民生产总值及其增长率的预测;国民经济各部门中工业、农业的比例关系,积累和消费关系等的预测。

(2)微观经济预测

微观经济预测是对一个企业的经济发展或单个经济单位的经济活动的预测,如对一个企业产品的产量、销售量、市场占有率等的预测。

宏观经济预测与微观经济预测有着密切的关系。微观经济预测为宏观经济预测提供参考,宏观经济预测为微观经济预测提供指导,两者相辅相成。

3.按照预测时间分类

(1)短期预测

一般而言,预测时间在一年以下的预测称为短期预测。

(2)中、长期预测

中、长期预测是指预测的目标距离当前时间较远的预测活动,中、长期预测的期限一般为一年以上。

由于预测是根据过去和现在推断未来,因此预测的时间越短,影响预测结果的因素的变化就越小,预测误差也就越小;反之,预测时间越长,影响预测结果的因素的变化就越大,产生的预测误差也就会越大。

相比之下,在企业经营过程中,短期预测的种类较多、频率较高,且一般与较低层级的管理活动相关;而中、长期预测通常与较高层级的管理活动相关,需要处理更多的综合性信息,因此预测方法、预测精度、预测频率与短期预测都存在较大的差别。

二、预测的基本方法

(一)定性预测法

定性预测法又称定性分析法或非数量分析法,它主要是依靠预测人员丰富的实践经验和知识以及主观的分析判断能力,在考虑经济形势、市场变化、经济政策、消费倾向等各项因素对经营影响的前提下,对事物的性质和发展趋势进行预测和推测的分析方法。由于经济生活的复杂性,并非所有影响因素都可以进行定量分析,某些因素只有定性的特征,如经济形势的变动、消费倾向、市场前景、宏观环境的变化等。再者,定量分析本身也存在局限性,任何数学方法都不能概括所有复杂的经济变化情况。所以,必须根据具体情况,把定量分析与定性分析方法结合起来使用,这样才能取得良好的效果。

定性预测法主要包括判断分析法和调查分析法两大类。

1.判断分析法

判断分析法是指通过一些具有实践经验的经营管理人员或专家对企业未来某一特定时期的产品销售业务情况进行综合研究,并做出推测和判断的方法,如综合意见法、专家意见法等。

(1)综合意见法

综合意见法是综合经营管理人员或相关专业人员判断意见的一种经济预测方法。由于经营管理人员或相关专业人员处于生产经营的第一线,比较熟悉市场需求的情况及其动向,他们的判断比较能反映市场需求的客观实际,因而是企业短期预测常用的方法。

(2)专家意见法

专家意见法也称专家判断预测法,就是向专家征求意见,并把专家意见集中起来,做出相应预测的一种方法。目前,最具有代表性、最完善的专家判断预测法是头脑风暴法和德尔菲法。

①头脑风暴法

头脑风暴法就是以专家的创造性思维来索取未来信息的一种直观预测方法。

头脑风暴法的优点:通过信息交流,产生思维共振,进而激发创造性思维,能在短期内得到创造性的成果;通过头脑风暴会议,获取的信息量大,考虑的预测因素多且广泛。

头脑风暴法的缺点:易受权威的影响,不利于充分发表意见;易受表达能力的影响,有些专家的意见和主张十分高明而且具有创造性,但表达能力欠佳,影响效果;易受心理因素的影响,有的专家易垄断会议或听不进不同意见,有的甚至明知自己有错,也不愿意公开修改自己的意见;容易出现羊群效应,导致与会者人云亦云。

②德尔菲法

德尔菲法(Delphi Method)又称专家调查法,它起源20世纪40年代末期,最初由美国兰德公司(The Rand Corporation)首先使用,很快就在世界上盛行起来,现在此法的应用已遍及经济、社会、工程技术等各个领域。

德尔菲法的预测过程是由主持预测的单位,选定与预测课题有关的领域和专家,人数多少视具体问题而定,并与专家建立直接的联系,联系的主要方式是函询。通过函询收集专家的意见,加以综合、整理后匿名反馈给各位专家,再征求意见。这样反复经过四至五轮,逐步使专家的意见趋向一致,作为最后预测的根据。

德尔菲法的主要优点:简明直观,预测结果可供用户参考,受到用户的欢迎,避免了专家会议的许多弊病。

德尔菲法仍然存在其固有的局限性:一是受主观因素和认识上的限制较大。由于参加应答的各个专家的学识渊博程度不同,各有所持的标准,心理状态也存在差别。因此,有时即使是对同一事件进行决策,也往往会得到差别较大的结果。二是理论上缺乏深刻的逻辑论证。由于德尔菲法专家的评价是建立在直观经验的基础上,缺乏理论逻辑的严密论证,因而所得出的方案、结论常常是不稳定的。三是影响重大问题的突破。由于德尔菲法是以人们的传统观念对决策对象的发展趋势进行推断的,再加上专家们不能面对面展开思想交锋,有些专家仍然无法摆脱"潮流效应"的影响,因而对于那些超前的新思想的产生和确立往往难以做出准确的预测。

2.调查分析法

调查分析法是指通过实地面谈、提问调查等方式收集、了解事物详细的资料数据,并加以分析的研究方法。以销售预测为例,客户的消费意向是销售预测中最有价值的信息。如果通过调查,可以了解客户明年的购买量,客户的财务状况和经营成果,客户的爱好、习惯和购买力的变化,客户购买本企业产品占其总需求量的比重和选择供应商的标准,这对销售预测将更有帮助。

在调查时应当注意:①选择的调查对象要具有普遍性和代表性,调查对象应能反映市场中不同阶层或行业的需要及购买需要;②调查的方法必须简便易行,使调查对象乐于接受调查;③对调查所取得的数据与资料要进行科学的分析,特别要注意去伪存真、去粗取精。只有这样,所获得的资料才具有真实性、代表性,才能作为预测的依据。

凡是客户数量有限,调查费用不高,每个客户意向明确又不会轻易改变的,均可以采用调查分析法进行预测。

(二)定量预测法

定量预测法又称定量分析法或数量分析法,主要根据已有的比较完备的资料,运用一定的数字方法进行科学的加工处理,借以充分揭示有关变量之间的规律性联系,以此作为预测的依据。定量预测法可大致分为两类:趋势预测法和因果预测法。

1.趋势预测法

趋势预测法是以某项指标过去的变化趋势作为预测的依据,是把未来作为"过去历史的延伸"。其主要假定是以往对有关指标起影响作用的各种因素在现在和将来依然起作用。因而,应根据这种作用的延续作为预测未来的主要依据。

常用的趋势预测法包括:算术平均法、加权平均法、指数平滑法等。这些预测方法共同的特点是,在数学模式中将时间设为自变量,而将需要预测的因变量视为时间的函数。下面将对几种常见的趋势预测法进行简要介绍。

(1)算术平均法

采用算术平均法进行预测,就是把若干历史时期的数值作为观察值,求出其简单平均数,并将平均数作为下期销售的预测值。以销售预测为例,如果产品的销售额或者销售量在选定的历史时期中呈现出某种上升或下降趋势,就不能简单地采用这种方法。算术平均法应用的假设前提是:过去怎样,将来也会怎样,即将来的发展是过去的延续。当历史上各时期的数值呈现出增减趋势时,采用算数平均法进行预测就不妥当了,因为算术平均法把每个观察值看成同等重要,不能体现出这种增减趋势。

(2)加权平均法

采用加权平均法进行预测,同样是将若干历史时期的数值作为观测值,将各个观察值与各自的权数相乘之积加总求和得到总体值,然后除以权数之和,求出其加权平均数,并将加权平均数作为销售量的预测值。按照各个观察值与预测值不同的相关程度分别规定适当的权数,是运用加权平均法的关键。当各历史时期的销售量呈现增减趋势时,为了体现这种增减趋势,有必要将近期的观察值的权数规定得大一些,远期的观察值权数规定得小一些,使预测值更接近近期的观察值。

加权平均法的计算公式为:

$$Y = \sum_{i=1}^{n} W_i X_i$$

式中,Y 为加权平均数;W_i 为第 i 个观察值的权数;X_i 为第 i 个观察值;n 为观察值的个数。

W_i 应该满足下列两个条件:

① $\sum W_i = 1$。

② $W_1 \leqslant W_2 \leqslant W_3 \leqslant \cdots \leqslant W_n$。

X_n 是预测期前一期的观察值。

(3)指数平滑法

指数平滑法是美国人 R. G. Brown 所创,是移动平均法的一种变形。它是根据前期的实测数和预测数,以加权因子为权数,进行加权平均,计算指数平滑平均数,从而预测未来时间趋势的方法。

指数平滑法的计算公式为:

$$y_{t+1} = ax_t + (1-a)y_t$$

式中,x_t 为时期 t 的实测值;y_t 为时期 t 的预测值;a 为平滑系数,又称加权因子,取值范围为 $0 \leqslant a \leqslant 1$。a 的大小表明了修正的幅度。a 值越大,修正的幅度越大;a 值越小,修正的幅度越小。因此,a 值既代表了预测模型对时间序列数据变化的反应速度,又体现了预测模型修正误差的能力。

（4）趋势平均法

趋势平均法又称趋势移动平均法。它的主要优点是考虑时间序列发展趋势，使预测结果能更好地符合实际。首先分别移动计算相邻数期的平均值，其次确定变动趋势和趋势平均值，最后以近期的平均值加趋势平均值与距离预测时间的期数的相乘，即得预测值。

2. 因果预测法

因果预测法是根据某项指标与其他有关指标之间相互依存、相互制约的规律性联系，建立相应的因果数学模型进行预测的方法。例如，电力成本因机器工作小时数的增加而增加，即机器工作小时数与电力成本之间就存在某种因果的联系，从而可以根据这种联系建立相应的函数，以此进行预测分析。它的实质就是通过事物发展的因果关系来推测事物发展的趋势。

因果预测法最常用的方法是应用回归方程把各个相关因素联系起来，以一个或多个影响因素作为自变量，分析市场需求（因变量）和自变量之间相互依存关系的密切程度，预测市场需求的发展趋势。

（1）简单线性回归法

简单线性回归法是以简单线性回归方程为基础，建立一个预测函数式。实施市场预测时，若仅考虑一个影响预测目标的因素，且其与预测目标之间的因果关系为线性关系时，则可用简单线性回归模型进行预测。

（2）多元线性回归法

多元线性回归法是以多元线性方程为基础，建立一个预测函数式进行预测的方法。例如，当产品市场需求的变化是同时受几个因素共同作用的结果时，要预测其变化趋势，则要选择几个自变量来建立多元回归模型。

（3）非线性回归法

有时以过去较长时期的历史资料为基础进行分析，可以看到，一个指标的变动同另一个指标有着密切的联系,但适合其有关数据的趋势线并不是一条直线。例如,如果某个指标的变化大致按照比率变化(上升或下降),可以采用指数曲线法进行预测。

三、决策的具体内容

(一)预测与决策的关系

决策(Decision Making)通常是指人们为了实现一定的目的,借助科学的理论和方法,进行必要的计算、分析和判断,进而从可供选择的方案中择优的过程。决策是企业管理的一个关键环节,对于企业的发展和兴亡具有重要的战略意义。正确的决策来源于科学的预测。古人云:"凡事预则立,不预则废",这里的"预"是指科学预测,"决"是指工作决策,讲的就是这个道理。在实际工作中,预测是为决策服务的。预测能帮助人们预先勾画出事物未来发展的大致轮廓,并提出多种有科学依据的假设和判断,使决策者能够高瞻远瞩地看到未来,防止决策失误。

如果说预测是决策的前提和基础,决策则是预测的结果和目的。企业的功能、规模和性质,能源或原料的采购来源,产品的品种、产量和销售去向等都需要在预测的基础上做出经济可行的决策。每个决策都是一个完整的过程,决策全过程的每个阶段都离不开预测的支持。决策正确与否,直接关系到企业的存亡兴废。

在逻辑关系上,决策和预测都需要寻出所决策和预测的事物的前因后果关系,决策是先从结果反方向找原因,再设法创造条件去实现结果;预测是顺方向从原因推测结果,设法找到已出现的原因去预言将出现的结果。

综上所述,预测与决策实际上是一件事的两个方面或两个阶段。预测是决策的必要前提,是决策科学化的基础;而决策是预测的后续环节,是预测的服务对象和实现机会。

(二)决策的分类

基于企业生产经营活动的多样性和复杂性,决策可按照不同标准分类。

1. 按时间长短分类

企业的经营决策按照其涉及时效的长短,可分为两类。

(1)长期决策

长期决策是指为改变或扩大企业的生产能力或服务能力而进行的决策。例如,厂房设备的扩建、改建、更新、资源的开发利用,现有产品的改造和新产品的试制等。这些涉及企业的发展方向和规模重大的问题,都属于长期决策。其主要特点是:投资支出的金额大,决定方案一旦执行后,事后很难改变,并将在企业生产经营中起较长期的作用;同时,投资涉及的时间长,金额大,因而必须考虑货币的时间价值和风险价值。

(2)短期决策

短期决策是指企业为有效地组织现有的生产经营活动,合理利用经济资源和人才资源,以期取得最佳的经济效益而进行的决策,包括生产、销售决策,定价决策等各个方面。其特点是:一般只涉及一年以内的有关经营活动,投资金额较少,时间短,不考虑货币的时间价值。

2. 按决策的层次分类

(1)高层决策

高层决策是指企业的最高层次领导所做的决策。它所涉及的主要是有关企业全局性、长远性的大问题,如关系到企业的生产规模、发展方向和重点以及提高企业素质,增强竞争能力等方面的问题。这一类的决策属于战略性决策。

(2)中层决策

中层决策是指企业中层管理人员所做的决策。其基本内容是高层决策从更低的层次,更短的时间和更小的范围内进行具体化,并制定最优利用资源,保证最高决策得以顺利实现的实施方案。这一类决策可称为战术性决策。

(3)基层决策

基层决策是指由企业生产第一线的员工所做的决策。生产第一线的员工的基本职责,是对上一层次所做的决策付诸具体实施。因此,这一类决策属于执行性决策,其目的是在执行上级既定决策工作中,妥善解决所遇到的问题。

3. 按决策所依据的条件、状况分类

(1)确定型决策

确定型决策是指与决策相关的那些客观条件或自然状态是肯定的、明确的,并且可用具体数字表示出来,决策者可直接根据完全确定的情况,从中选择最有利的方案。

(2)风险型决策

风险型决策是指与决策相关的因素的未来状况不能完全肯定,只能预计大概情况,无论选择哪一种方案都带有一定的风险。所以这类决策称为风险型决策。这类决策的分析一般是以概率表示其可能性大小,尽可能做到符合实际情况。

(3)不确定性决策

不确定性决策是指影响这类决策的因素不仅不能肯定,而且连出现这种可能结果的概率也无法确切的预计,这类问题的决策称为不确定性决策。

4. 按照决策项目本身的从属关系分类

(1)独立方案决策

独立方案决策是指对各自独立存在,不受其他任何方案影响的不同方案的决策。对独立方案决策只需判断方案本身的可行性,不必择优,所以也称"接受与否定决策"。例如,在企业中亏损产品是否停产的决策,是否接受加工订货的决策等。

(2)互斥方案决策

互斥方案决策是指在一定的决策条件下,存在几个相互排斥的被选方案,通过计算、分析对比,最终选出最优方案而排斥其他方案的决策。例如,零部件是自制还是外购的决策,产品是否进一步加工的决策,开发哪种新产品的决策等。

（3）最优组合决策

最优组合决策是指有几个不同方案可以同时并举，但是在其资源总量受到一定限制的情况下，如何将这些方案进行优化组合，使其综合经济效益达到最优的决策。例如，在几种约束条件下生产不同产品的最优组合决策，或在资本总额定量的情况下不同投资项目的最优组合决策等。

5．决策的其他分类

决策除了按上述标准进行分类外，还有其他一些分类方法。例如：按决策的重要程度，可分为战略决策和战术决策；按决策目标多少，可分为单目标决策和多目标决策；根据相同决策出现的重复程度，可分为程序性决策和非程序性决策；等等。

(三)决策的程序

无论是短期经营决策还是长期投资决策，一般都应按下列程序进行。

1．确定决策目标

确定决策目标就是确定当前决策要解决的问题是什么，如销售价格应定在什么水平，特殊订货是否接受，亏损产品是否停产，是否要兴建流水线，是否要对现有设备进行改建或者更新等。决策目标必须具体，这样才能保证决策的明确性。

2．收集有关信息

广泛收集对决策目标有影响的各种可计量信息和不可计量的信息，特别是有关预期收入和预期成本的数据，作为今后决策的根据。对于收集来的各种信息，还要善于鉴别，必要时还要进行加工延伸。不过应注意这项信息的收集工作，实际上往往要反复进行，贯穿各步骤之间。

3．提出备选方案

针对决策目标，应开拓思路，根据企业的实际情况，提出在技术上先进可靠，在经济上合理有效的多项可能实现的备选方案。如在进行产品零件自制或外购决策时，就可提出三个备选方案：本企业自行生产、委托其他单位加工和直接向外采购。

4.分析评价方案

对备选方案的可计量信息,采用适当的方法计算有关的经济效益指标,再根据经济效益的大小对备选方案做出初步的判断和评价,确定哪个方案较优。这是整个决策分析过程的关键阶段。

5.确定最优方案

根据上一步骤的分析评价,进一步考虑计划期间各种不可计量因素的影响。例如,针对经济形势的变动,人们心理、风俗等因素的改变,以及地区之间的差别等进行定性分析。把这两者结合起来,统筹研究,权衡利弊,最后筛选出最优方案,向管理当局建议。

6.执行决策与反馈信息

执行决策是决策分析过程的延伸,因为在组织落实决策方案的过程中,有助于发现问题,及时反馈,随时调整目标或修改方案乃至做出下一轮新的决策。使决策过程处于决策—实施—反馈—再决策—再实施的动态良性循环。当然在决策分析过程的前几个阶段也必须不断地反馈信息,为决策分析提供参数。

四、决策的基本方法

在现代社会中,管理者面临着各种各样的决策问题。而管理学决策的方法就是为了帮助管理者进行科学、有效的决策而产生的。决策是管理者重要的职责之一,能够对组织的发展和绩效产生重大影响。在管理学领域,有许多不同的决策方法可供管理者使用。决策方法是指在管理实践中,根据不同的决策情境和问题,通过运用科学的、系统的方法,从多个可能的方案中选择最佳方案的过程。管理学决策方法的选择和应用,对于有效地解决问题、提高管理质量和效益具有重要意义。

(一)传统决策方法

传统决策方法涉及使用过去的数据、经验和假设来做出决策。这种方法通常适用于已知的问题,可以通过数据和经验进行解决。这种决策方法通常比较简单、直接,但可能会忽略变化和新情况。

1.结构化决策

在面对没有明确解决方法和目标的复杂问题时,管理者通常会采用非结构化决策方法。这种方法主要是依赖管理者的直觉和经验,通过主观判断来做决策,缺乏系统性和可量化的分析。

2.直觉决策

直觉是管理者凭借经验和直觉感觉来做决策的一种方法。直觉决策主要基于管理者的直觉和洞察力,对问题进行分析和判断,并通过灵活的思考和个人经验来做出决策。

3.规则决策

规则决策是依靠事先设定的规则和程序来做决策的方法。在一些常规和重复性的问题中,管理者可以根据以往的经验和成功案例,制定一系列规则和程序,从而提高决策的效率和准确性。

(二)定性决策方法

1.决策树分析

决策树是一种图形化工具,可以帮助管理者系统地分析和比较各种决策选项的优劣,并选择最佳的决策方案。决策树分析通常包括明确的目标、不同的选项和与各个选项相关的风险和收益。

2.SWOT分析

SWOT分析是一种常用的管理学决策方法,它通过对企业内外环境的分析,帮助管理者全面了解企业的优势、劣势、机会和威胁,从而制定出相应的决策方案。SWOT分析主要包括四个步骤:对企业的优势和劣势进行内部分析,对市场机会和竞争威胁进行外部分析,将内外环境进行对比,最后制定出相应的决策方案。

3.敏感性分析

敏感性分析是通过模拟和测试各种决策变量,来评估决策方案对不同情况和变化的敏感程度。管理者可以通过敏感性分析来评估决策的风险和效果,并制定出最适合当前环境的决策方案。

(三)定量决策方法

1.线性规划

线性规划是一种常用的管理学决策方法,它通过建立数学模型,帮助管理者在有限的资源下,找到最优的决策方案。线性规划主要包括四个步骤:确定决策的目标函数,列出约束条件,建立数学模型,通过求解模型,得到最优的决策方案。线性规划的优点是精确可靠,适用于复杂的决策问题。

2.统计分析

统计分析是通过收集和分析大量的数据来做决策的一种方法。管理者可以利用统计方法,如统计检验、回归分析和数据挖掘等,对业务和市场数据进行分析,从而获得对决策有意义的结论和建议。

3.模拟分析

模拟分析是一种通过模拟不同情景和随机变量,来评估决策效果和风险的方法。通过模拟多种可能性和结果,管理者可以更好地了解决策方案的潜在结果,并进行风险管理和决策优化。

4.定量决策树

定量决策树是一种常见的决策分析方法,通过将问题拆分为一系列的决策节点和可能的结果节点,来帮助管理者作出决策。定量决策树通常使用概率和预期值来计算每个节点的期望值,并选择具有最大期望值的路径作为最佳决策。

(四)群体决策方法

1.层次分析法

层次分析法是一种将决策问题进行层次结构分解,通过专家判断和权重比较来进行决策的方法。层次分析法适用于那些需要考虑多个决策因素和多个决策目标的问题。

2.电子会议系统方法

电子会议系统是指通过计算机和通信技术支持的决策群体进行在线

决策的系统。通过电子会议系统,决策群体可以就问题进行讨论、投票和决策,提高决策效率和质量。

3.多属性评价方法

多属性评价方法是通过建立评价指标体系,对决策方案在多个属性上进行评价和排序,找到最优的决策方案。常用的多属性评价方法包括加权积法、加权和法等。

(五)季度法

季度法是一种常用的管理学决策方法,它通过对历史数据进行分析,帮助管理者预测未来的趋势,从而作出相应的决策。季度法主要包括四个步骤:收集和整理历史数据,计算季度指标,建立预测模型,通过模型预测未来的趋势。季度法的优点是简单易行,适用于小规模的决策问题。

第二节　经营预测分析

一、经营预测分析概述

(一)经营预测分析的概念

预测是指用科学的方法预计、推断事物发展的必然性或可能性的行为,即根据过去和现在预计未来,由已知推断未知的过程。所谓的经营预测,是指企业根据现有的经济条件和掌握的历史资料以及客观事物的内在联系,对生产经营活动的未来发展趋势和状况进行的预计和测算。管理会计中的预测分析,是指运用专门的方法进行经营预测的过程。

(二)经营预测分析的特点

1.科学性

科学性是指经营预测不是随意的猜想,而是根据事物发展变化的客观规律,对未来事物发展变化趋势的科学判断。例如,人们可以通过对市场规律的认识,运用科学的方法对某种产品的市场占有率进行预测。

2.系统性

系统性是把预测对象看作一个系统,以系统管理指导预测活动。从系统论的观点来看,经营预测不是孤立的,不能封闭起来,它必须同其他预测系统密切结合,相辅相成,彼此交流信息。例如,可以把市场行情作为预测对象进行系统分析。

3.服务性

服务性是指经营预测本身不是目的,它是为经营决策服务的。企业的经营预测和经营决策是企业经营活动中两个既有区别又有联系的阶段。从总体上看,经营预测是经营决策过程中的一个重要组成部分。

4.近似性

近似性是指经营预测的结果与未来实际的结果会有误差。由于未来的情况并不是过去和现在的简单重复,各种影响企业生产经营的因素和外部环境是错综复杂的,而且是不断变化的。所以,经营预测的结果会在一定程度上与将来发生的实际情况有些偏差。

5.局限性

企业经营预测是人们对事物的未来发展作出的科学判断。人们对未来的经营预测,往往受到经验、知识、时间、条件、认识工具等多方面的限制,经营误差在所难免,这使得经营预测的应用范围和预测深度受到程度不同的影响。

(三)经营预测分析的原则

1.延续性原则(也称连续性原则)

它是指企业经营活动过程中,过去和现在的某种发展规律将会延续下去,并假设决定过去和现在发展的条件,同样适用于未来。预测分析根据这条原则,就可以把未来视作历史的延伸进行推测。以后提到的趋势分析法,就是基于这条原则而建立的。

2.相关性原则

它是指企业在经营活动过程中一些经济变量之间存在着相互依存、

相互制约的关系。预测分析根据这条原则,就可以利用对某些经济变量的分析研究来推测受它们影响的另一个(或另一些)经济变量发展的规律性。以后提到的因果预测分析法就是基于这条原则而建立的。

3.类推性原则

根据客观事物之间存在着某些类似性,这种类似性具体表现在事物之间结构、模式、性质、发展趋势等方面的接近。因此,人们可以根据已知事物的某种类似的结构和发展模式,通过类推的方法对事物将来的发展前景作出预测。

4.统计规律性原则

它是指企业在经营活动过程中对于某个经济变量所做出的一次观测结果,往往是随机的,但多次观测的结果,却会出现具有某种统计规律性的情况。预测分析根据这条原则,就可以利用概率分析及数理统计的方法进行推测。回归分析法就是基于这条原则而建立的。

5.定量分析法和定性分析法相结合的原则

在经营预测分析中,只有把定量分析法和定性分析法相结合,才能取得良好的预测效果。

6.可控制性原则

可控制性原则是指企业对所预测的客观社会经济事件的未来发展趋向和进程,在一定程度上是可以控制的。当人们认识了客观事物的发展规律以后,就可以创造条件,使预测对象在企业自觉控制下朝着所希望的方向发展。利用可控制性原则,就是要利用可控制性因素,研究不可控因素,尽量避免不可控因素对预测目标可能产生的干扰。以随机现象为研究对象的数理统计方法在经营预测中的应用就是可控制性原则的体现。

(四)经营预测分析的步骤

1.确定预测目标

预测必须首先搞清对什么进行预测,将达到什么目的。这需要根据企业经营的总体目标来设计和选择,既不能盲目随意确定,又不应追求面面俱到,不突出重点。在预测目标确定的同时,还应根据预测的具体对象和内容确定预测的期限和范围。

2. 收集和整理资料

预测目标确定后,应着手搜集有关经济的、技术的、市场的计划资料和实际资料。在占有大量资料的基础上,按照一定方法对资料进行加工、整理、归纳,尽量从中发现与预测对象有关的各因素之间的相互依存关系。

3. 选择预测方法

对不同的预测对象和内容,应采用不同的预测方法,不能一成不变。对于那些可以建立数量模型的预测对象,应反复筛选比较,以确定最恰当的定量预测方法;对于那些缺乏定量资料无法开展定量分析的预测对象,应当结合以往经验选择最佳的定性预测方法。

4. 分析判断

根据预测模型及掌握的未来信息,进行分析判断,揭示事物的变化趋势,并预测其发展结果。

5. 检查验证

通过检查前期预测结论是否符合当前实际,分析产生差异的原因,来验证预测方法是否科学有效,以便在本期预测过程中及时加以改正。

6. 修正预测值

那些根据数学模型计算出来的预测值可能没有将非计量因素考虑进去,这就需要结合定性分析的结论对其进行修正和补充,使其更接近实际。

7. 报告预测结论

最终要以一定形式通过一定程序将修正过的预测结论向企业的有关领导报告。

(五)经营预测分析的方法

1. 定量分析法

定量分析法,又称数量分析法,是指在完整掌握与预测对象有关的各种要素定量资料的基础上,运用现代数学方法进行数据处理,据以建立能够反映有关变量之间规律性联系的各类预测模型的方法体系。它可分为趋势外推分析法和因果预测分析法两类方法。

(1)趋势外推分析法

趋势外推分析法是指将时间作为制约预测对象变化的自变量,把未来作为历史的自然延续,属于按事物自身发展趋势进行预测的一类动态预测方法。

这类方法的基本原理是:企业过去和现在存在的某种发展趋势将会延续下去,而且过去和现在发展的条件同样适用于未来,可以将未来视为历史的自然延续。因此,该法又称"时间序列分析法"。属于这种方法的有:算术平均法、移动平均法、趋势平均法、加权平均法、平滑指数法和修正的时间序列回归分析法等。

(2)因果预测分析法

因果预测分析法是指根据变量之间存在的因果函数关系,按预测因素(即非时间自变量)的未来变动趋势来推测预测对象(即因变量)未来水平的一类相关预测方法。

这类方法的基本原理是:预测对象受到许多因素的影响,它们之间存在着复杂的关系,通过对这些变量内在规律性的研究可建立一定的数学模型,在已知自变量的条件下,可利用模型直接推测预测对象的水平。属于这类方法的有:本量利分析法、投入产出法、回归分析法和经济计量法等。

2.定性分析法

定性分析法又称非数量分析法,是指由有关方面的专业人员根据个人经验和知识,结合预测对象的特点进行综合分析,对事物的未来状况和发展趋势作出推测的一类预测方法。它一般不需要进行复杂的定量分析,适用于缺乏完备的历史资料或有关变量间缺乏明显的数量关系等条件下的预测。

此法的特点是:计算量较少,主要根据人们积累的实际经验和掌握的科学知识进行判断,因此西方国家常常称该法为判断分析法或集合意见法。

3.两类方法的关系

定性分析法与定量分析法在实际应用中并非相互排斥,而是相互补充,相辅相成。定量分析法虽然较精确,但许多非计量因素无法考虑。例如,国家的方针政策以及政治经济形势的变动,消费者心理以及习惯的改变,投资者的意向以及职工情绪的变动,等等。这些因素都是定量分析法无法量化的因素。而定性分析法虽然可以将这些非计量因素考虑进去,但估计的准确性在很大程度上受预测人员的经验和素质的影响,这不免使预测结论因人而异,带有一定的主观随意性。因此实际工作中常常将二者结合应用,相互取长补短,以提高预测分析的准确性和预测结论的可信性。

(六)经营预测分析的基本内容

1.销售预测

广义的销售预测包括两个方面:一是市场调查;二是销售量预测。狭义的销售预测则专指后者。市场调查是指通过了解与特定产品有关的供销环境和各类市场的情况,作出该产品有无现实市场或潜在市场以及市场大小的结论的过程。它是销售量预测的基础。销售量预测又叫产品需求量预测,是指根据市场调查所得到的有关资料,通过对有关因素的分析研究,预计和测算特定产品在未来一定时期内的市场销售量水平及变化趋势,进而预测本企业产品未来销售量的过程。

2.利润预测

利润预测是指在销售预测的基础上,根据企业未来发展目标和其他相关资料,预计、推测或估算未来应当达到和可望实现的利润水平及其变动趋势的过程。

3.成本预测

成本预测是指根据企业未来发展目标和有关资料,运用专门方法推测与估算未来成本水平及发展趋势的过程。成本预测包括多项内容,如全部成本预测和单项成本预测;设计成本预测和生产成本预测;目标成本预测、成本变动趋势预测以及决策成本预测。本章主要介绍目标成本预测和成本变动趋势预测。

4.资金预测

资金预测是指在销售预测、利润预测和成本预测的基础上,根据企业未来经营发展目标并考虑影响资金的各项因素,运用一定方法预计、推测企业未来一定时期内或一定项目所需要的资金数额、来源渠道、运用方向及其效果的过程。资金需要量预测的内容很多,本章只介绍追加资金需用量的预测。

三、成本预测分析

(一)成本预测的意义和基本要求

成本预测是根据企业现有的经济、技术条件和今后的发展前景,通过对影响成本变动的有关因素的分析、测算,科学规划企业未来一定期间内的成本水平和成本目标。成本预测的意义主要有几个方面:第一,成本预测有利于加强事前管理,通过成本预测,将成本管理纳入事前管理的轨道,可取得成本控制和成本管理的主动权。第二,成本预测有利于加强目标管理,通过成本预测,可以把握成本的历史、现状和将来的发展趋势,确定成本变动同产量(业务量)之间的相互关系,为做好企业整个的目标管理工作奠定坚实的基础。第三,成本预测有利于加强成本控制,通过成本预测获得的相关信息为成本控制和成本管理提供科学的依据。第四,成本预测有利于进行科学的经营决策。

成本预测的重要性要求成本预测工作必须遵循四项基本要求:第一,成本预测必须同增强企业素质,提高经济效益相结合。第二,成本预测必须同加强企业管理,提高经营管理水平相结合。第三,成本预测必须符合社会需要,力求做到企业经济效益和社会宏观效益的统一。第四,成本预测必须广泛搜集资料,科学加工数据。

(二)成本预测的高低点法和加权平均法

1.高低点法

该法是选用一定时期历史资料中最高产量和最低产量的产品总成本之差(△y),与两者产量之差(△x)进行对比,先求出单位变动成本(b)的值,然后再求出固定成本(a)的值,并据以推算出在计划期一定产量条件下的总成本与单位成本。高低点法是一种简便易行的预测方法。若企业产品成本的变动趋势比较稳定,采用此法比较适宜。如果企业产品的各期成本变动幅度较大,采用该法则会造成较大的误差。

2.加权平均法

该法是根据过去若干时期的单位变动成本和固定成本总额的历史资料,按其距计划期的远近分别进行加权的方法。由于距计划期愈近,对计划期的影响越大,故所加权数应大些;反之,距计划期越远,对计划期的影响越小,故所加权数应小些。另外,为了计算简便,加权时可令,情况与销售预测相同。其计算公式如下:

因为 $y = a + bx$

所以计划期产品总成本的预测值 $(y_p) = \sum a_i w_i + \sum b_i w_i \cdot x_p$

计划期产品单位成本的预测值 $= y_p / x_p$

加权平均法一般适用于企业的历史成本资料具有详细的 a 和 b 的数据。否则,就只能采用上述的高低点法,或下面即将介绍的回归分析法。

(三)成本预测的一元线性回归分析法

一元线性回归分析法也叫简单回归直线法,它是在影响成本发生变动只有一个产量因素的条件下,根据若干历史期间的产量、成本资料,经分析、计算后,确立可以反映产量与成本之间的依存关系及其变动趋势的一条直线 $(y = a + bx)$,并将此直线加以延伸,进而测算未来一定期间对应于某一产量数值的成本数值。当企业的历史成本资料中,单位产品成本忽高忽低,变动幅度较大时,采用此法较为适宜。在 $y = a + bx$ 的直线方

程中,其中 a 与 b 的值可按下列公式确定:

$$a = \frac{\sum y - b\sum x}{n} \quad b = \frac{n\sum xy - \sum x \cdot \sum y}{n\sum x^2 - (\sum x)^2}$$

(四)成本预测的多元线性回归分析法

多元线性回归分析法也叫多元回归直线法,它是在影响成本发生变动有若干个产量因素的条件下,根据若干历史期间的产量、成本资料,经分析、计量后,确立可以反映产量与成本之间的依存关系及其变动趋势的直线($y = a + b_1 x_1 + b_2 x_2 + \cdots + b_n x_n$),并将此直线加以延伸,进而测算未来一定期间对应于若干产量数值的成本数值。

(五)目标成本预测

目标成本是为实现目标利润所应达到的成本水平,是企业未来一定期间成本管理工作的奋斗目标。目标成本预测的方法有以下几种。

1.按全部产品进行目标成本预测

目标成本＝预计销售收入－预计应缴税金－目标利润

式中:预计销售收入是指未来一定期间(预期内)计划销售的各种产品的销售收入总额;预计应缴税金,通常按国家规定的税种、税率和计税办法计算;目标利润是指未来一定期间内预定实现的利润总额,通常是在利润预测的基础上予以确定。

2.按单项产品进行目标成本预测

$$\text{单位产品目标成本} = \text{预计单位产品销售价格} \times (1 - \text{产品税率}) - \frac{\text{目标利润}}{\text{预计产销量}}$$

3.考虑市场竞争的现实需要的单位产品的目标成本

$$\text{目标成本} = \frac{\text{具有竞争能力的市场价格}}{\text{单位产品售价}} \times \text{单位产品实际成本}$$

4.考虑同行业先进成本水平的目标成本预测

目标成本＝本企业某种产品的实际成本－

本企业某种产品实际成本与某先进企业同种产品实际成本的差额

5.考虑成本同技术因素之间的相互关联的目标成本预测

当企业所经营的某种产品存在多种不同规格,且与某一功能特性或技术参数具有线性关系时,可用前述回归分析法测算有关产品的目标成本。

三、销售预测分析

(一)销售预测的意义

销售预测是在对市场进行充分调查的基础上,根据市场供需情况的发展趋势,以及本企业的销售单价、促销活动、产品改进、分销途径等方面的计划安排,借助历史销售资料,对未来一定期间内企业有关产品的销售数量或销售额及其销售的变化趋势作出的预计或推测。销售预测的意义主要有几个方面:第一,销售预测是从事生产经营活动的基点。企业管理者只有在充分了解市场需求和销售变动的客观规律的基础上,才能正确地组织和安排未来时期的生产经营活动。第二,销售预测是开展经营预测的前提,只有在认真做好销售预测的前提下,才能正确地开展利润预测、成本预测和资金需要量的预测。第三,销售预测是制订经营决策的依据。通过销售预测,可以随时掌握企业生产经营的内外部环境的变化,能使企业管理者科学地进行各项经营决策。

(二)趋势预测分析法

趋势预测分析法是应用事物发展的延续性原理来预测事物发展的趋势。该方法把本企业的销售历史资料按时间的顺序排列下来,然后运用数理统计的方法来预计、推测计划期的销售数量或销售金额。这种方法也称为"时间序列预测分析法"。这种方法的优点是收集信息方便、迅速;缺点是对市场供需情况的变动趋势未加考虑。趋势预测分析法根据所采用的具体数学方法的不同,又可分为:算术平均法、移动加权平均法、指数平滑法、回归分析法和二次曲线法。

1.算术平均法

该法又称为简单平均法,它是直接将若干时期实际销售业务量的算术平均值作为销售量预测值的一种预测方法。这种方法的原理是一视同仁地看待 n 期内的各期销售量对未来预测销售量的影响。其计算公式为：

$$预测销售量 = \frac{已知时间序列各期销售业务量之和}{时间序列期数}$$

2. 移动平均法

移动平均法是指在掌握 n 期销售量的基础上，按照事先确定的期数（记作逐期分段计算 m 期算术平均数，并以最后一个 m 期平均数作为未来 n+1 期预测销售量的一种方法。所谓"移动"是指预测值随着时间的不断推移，计算的平均值也在不断向后顺延。此法假定预测值主要受最近 m 期销售业务量的影响，此法的计算公式是：

$$预测销售量(\overline{Q}) = 最后 m 期算术平均销售量$$

$$= \frac{最后移动期销售业务量之和}{m 期}$$

$$= \frac{Q_{n-m+1} + Q_{n-m+2} + \cdots + Q_{n-1} + Q_n}{m}$$

但有人认为这样计算的平均值只反映预测期前一期的销售水平，还应在此基础上，按趋势值进行修正。趋势值 b 的计算公式为：

趋势值 b = 最后移动期的平均值 − 上一个移动期的平均值

修正的移动平均法按以下公式进行预测：

预计期销售业务量$(\overline{Q})$ = 最后 m 期算术平均销售量 + 趋势值 b

3. 趋势平均法

趋势平均法是指在按移动平均法计算 n 期时间序列移动平均值的基础上，进一步计算趋势值的移动平均值，进而利用特定基期销售量移动平均值和趋势值移动平均值来预测未来销售量的一种方法。有关公式是：

预测销售量$(\overline{Q})$ = 基期销售量移动平均值 + 基期趋势值移动平均值 × 基期与预测期的时间间隔

任意一期的趋势值 = 该期销售量移动平均值 − 上期销售量移动平均值

$$基期趋势值移动平均值 = \frac{最后一个移动期趋势值之和}{趋势值移动时期数}$$

$$基期与预测期的时间间隔 = \frac{销售量移动时期数\ m + 趋势值移动时期\ s}{2}$$

$$基期的序数值 = 时间序列期数\ n -$$

$$\frac{销售量移动时期数\ m + 趋势值移动时期数\ s - 2}{2}$$

销售量移动时期数 m 和趋势值移动时期数 s 均为奇数。

4. 加权平均法

加权平均法是指在掌握全部 n 期资料的基础上,按近大远小的原则确定各期权数,并据以计算加权平均销量的方法。公式为:

$$预测销售额(\overline{Q}) = \frac{\sum 某期销售量 \times 该期权数}{各期权数之和}$$

$$= \frac{\sum (Q_t \cdot W_t)}{\sum W_t}$$

权数 W_t 必须满足以下条件:$W_t + 1 > W_t (t = 1, 2, 3, \cdots, n-1)$。

5. 平滑指数法

平滑指数法是指在综合考虑有关前期预测销售量和实际销售量信息的基础上,利用事先确定的平滑指数预测未来销售量的一种方法。其计算公式是:

$$预测销售量(\overline{Q}) = 平滑指数 \times 前期实际销售量 + (1 - 平滑指数) \times$$

$$前期预测销售量 = \alpha \cdot Q - 1 + (1 - a) \cdot \overline{Q}_{t-1}$$

a 表示平滑指数,这是一个经验数据,其取值范围通常在 0.3~0.7 之间。

平滑指数具有修正实际数所包含的偶然因素对预测值的影响作用,平滑指数取值越大,则近期实际数对预测结果的影响就越大,平滑指数越小,则近期实际数对预测结果的影响就越小。因此,进行近期预测或销量波动较大时的预测,应采用较大的平滑指数;进行长期预测或销量波动较小时的预测,可采用较小的平滑指数。

6. 直线趋势法

直线趋势法是根据过去若干期间销售量的实际资料,确定可以反映销售量增减变动趋势的一条直线(直线方程为 y＝a＋bx),并将此直线加以延伸,进而求出某产品销售量预测值的一种销售量预测方法。

根据直线趋势方程 y＝a＋bx,利用最小平方法,可求得标准方程组

$$\begin{cases} \sum y = na + b\sum x \\ \sum xy = a\sum x + b\sum x^2 \end{cases}$$

根据以上标准方程组,可确定直线趋势方程中 a 和 b 的值,其中:

$$a = \frac{\sum y - b\sum x}{n}$$

$$b = \frac{n\sum xy - \sum x\sum y}{n\sum x^2 - (\sum x)^2}$$

(三)因果预测分析法

因果预测分析法是根据过去掌握的历史资料,找出预测对象的变量与其相关事物的变量之间的依存关系,来建立相应的因果预测的数学模型。然后通过对数学模型的求解来确定预测对象在计划期的销售量或销售额。

因果预测最常用的方法是"最小平方法",或称"回归分析法"。由于在现实的市场条件下,企业产品的销售量往往与某些变量因素(例如,人口、相关工业品的销售量)之间存在着一定的函数关系。如果我们利用这种关系,选择最恰当的相关因素建立起预测销售量或销售额的数学模型,往往会比采用趋势预测分析法获得更为理想的预测结果。

"最小平方法"的具体做法是:设 x 为影响预测对象的相关因素的销售量(或销售额),即自变量;y 为预测的销售量(或销售额),即因变量;收集本企业近年来有关因变量的历史资料,以及相关工业品有关自变量的相应统计数据。

(四)判断分析法

判断分析法是通过一些具有丰富经验的经营管理人员或知识渊博的外界经济专家对企业一定期间特定产品的销售业务量情况作出判断和预计的一种方法。此法一般适用于不具备完整可靠的历史资料,无法进行

定量分析的企业。

判断分析法具体又包括以下三种方法。

1. 销售员判断法

此法又称意见汇集法,是由企业的销售人员根据他们的调查,将各个顾客或各类顾客对特定预测对象的销售预测值填入卡片或表格,然后由销售部门经理对此进行综合分析以完成预测销售任务的一种方法。此法的原理是:基层销售人员最熟悉市场,能直接倾听顾客的意见,因而能够提供直接反映顾客要求的信息。

采用此法进行销售预测所需的时间短、费用低、比较实用。但这种方法是建立在假定销售人员都能够向企业反映真实情况的基础上,而销售人员素质各异,他们对形势的估计有可能过于乐观或悲观,从而干扰预测结论。如果企业在销售量方面对其规定定额,则他们就会有意地低估预测值,为自己留有充分的余地;若企业按预测销售业务量核拨业务经费,则销售员就有可能有意高估预测值。另外也可能因为顾客对预测对象不了解或销售员介绍的资料不够详细,而使得所汇报的意见过于分散。为避免这种情况的出现,应采取以下措施:

第一,把企业过去的预测与实际销售量资料、企业的未来规划以及未来的社会经济发展趋势的信息都提供给各销售人员,供他们参考。

第二,组织多人对同一产品或市场进行预测判断,再将这些数据加以平均处理,以消除人为的偏差。

2. 综合判断法

此法是由企业召集有关经营管理人员,特别是那些最熟悉销售业务的销售主管人员,以及各地经销商负责人集中开会,由他们在会上根据多年的实践经验和判断能力对特定产品未来销售量进行判断和预测的一种方法。这种方法能够集思广益,博采众长,快捷、实用,但预测结果也会受到有关人员主观判断能力的影响。因此,应用此法时,应事前向预测人员提供近期有关政治、经济形势以及市场情况的资料,并在他们各自预测的基础上进行讨论、分析、综合平衡,最终作出结论。

3.专家判断法

此法是由见识广博、知识丰富的经济专家根据他们多年的实践经验和判断能力对特定产品的未来销售量进行判断和预测的一种方法。这里的"专家"是指本企业或同行企业的高级领导人、销售部门经理以及其他外界专家等,但不包括销售员和顾客。具体有以下三种形式:

第一种形式,专家个人意见集合法。这种方法首先向各个专家征求意见,要求他们对本企业产品销售的未来趋势和当前的状况作出独立的个人判断,然后再对此加以综合,确定预测值。采用这种方法可以集中各方面专家从不同角度反映的意见,故比销售员判断法更准确;但由于每个专家占有的资料有限,因此也不可避免地带有片面性。

第二种形式,专家小组法。专家小组法是由若干个专家组成几个预测小组,分别以小组为单位判断预测,再进行综合论证的一种方法。此法能够在预测过程中发挥集体智慧、相互启发,在一定程度上可弥补上述方法的片面性,但小组的预测结论常常会受到一两个权威人士意见的左右。

第三种形式,特尔菲法。这种方法的做法是通过函询方式向若干经济专家分别征求意见,各专家在互不通气的情况下,根据自己的观点和方法进行预测,然后企业将各专家的判断汇集在一起,并采用不记名的方式反馈给各位专家,请他们参考别人意见修正本人原来的判断,如此反复数次,最终确定预测的结果。

四、资金需要量的预测分析

资金是企业生产经营中各种物资的货币表现。企业生产经营活动所需的资金通常分为两类:一类是用于固定资产方面的,称为"固定资金";另一类是用于流动资产方面的,称为"流动资金"。这里所提的资金需要量的预测是指包括流动资金和固定资金在内的资金需要总量的预测。资金需要量预测的目的,就是要有意识地把生产经营活动引导到以最少的资金占用取得最佳的经济效益的轨道上来。

从企业生产经营的目前状况和未来发展的要求来考虑,资金需要量预测应包括涉及若干年度的长期资金需要量预测和只涉及一个年度的短期资金需要量预测。本节仅从资金追加需要量说明短期资金预测的基本方法,下面将用销售百分比法预测资金追加需要量。

销售百分比法,就是根据资金各个项目与销售收入总额之间的依存关系,按照计划期销售额的增长情况来预测需要相应地追加多少资金的方法。

销售百分比法一般按以下三个步骤进行:

第一个步骤,分析基期资产负债表各个项目与销售收入总额之间的依存关系。

(1)资产类项目周转中的货币资金、正常的应收账款和存货等流动资产项目,一般都会因销售额的增长而相应地增加。而固定资产是否要增加,则需视基期的固定资产是否已被充分利用。如尚未充分利用,则可通过进一步挖掘其利用潜力,即可产销更多的产品;如基期对固定资产的利用已达饱和状态,则增加销售就需要扩充固定设备。至于长期投资和无形资产等项目,一般不随销售额的增长而增加。

(2)权益类项目应付账款、应付票据、应付税费和其他应付款等流动负债项目,通常会因销售的增长而自动增加。至于长期负债和股东权益等项目,则不随销售的增长而增加。

此外,计划期所提取的折旧准备(应减除计划期用于更新改造的金额)和留存收益两个项目,通常可作为计划期内需要追加资金的内部资金来源。

第二个步骤,将基期的资产负债表各项目用销售百分比的形式另行编表。

第三个步骤,按下列公式计算出计划期间预计需要追加的资金数额。

第三节　短期经营决策

一、短期经营决策概述

(一)决策分析的含义

决策分析是指运用专门方法进行决策的过程。所谓决策,是指为达到一定目的,对已确定的两个或两个以上的互斥备选方案进行分析比较,权衡利害得失,从中选择最优方案的过程。即使方案只有一个,对于决策者来说,是否决定采用这个方案,也要作出抉择,这一过程也属于决策。从多个独立可行的方案中选出一组最优方案的组合,这一过程同样属于决策;抑或在非确定条件下,选择一个确定方案的过程。简言之,决策就是为达到一定目的,选择和决定未来活动方案的过程。

管理学家亨利·法约尔(Henri Fayol)认为,管理的重心在经营,经营的重心在决策。可见,决策分析是经营管理的核心,是企业未来发展兴衰成败的关键,也是现代管理会计的中心内容。

(二)短期经营决策的含义

1.短期经营决策的定义

短期经营决策是指决策结果只会影响或决定企业近期(一个或一个营业周期)的经营活动,侧重资金、成本、利润等方面,确定如何充分利用企业现有的资源和经营环境,以取得尽可能大的经济效益而实施的决策。由于短期经营决策一般不涉及固定资产投资,因此短期经营决策又称为经营决策。

2.短期经营决策的特点

由于短期经营决策主要涉及企业的日常经营活动,因此,与长期投资决策相比具有如下特点。

(1)对企业的影响时间较短

短期经营决策所涉及的时间一般在一年或一个营业周期以内,因此承担的风险较小,决策失误也仅仅影响当年的收益,而且可以在第二年决策中调整。

（2）一般不涉及固定资产投资

固定资产投资通常需要投入大量资金，并在较长时期内对企业产生持续影响，因此不可能由当年的销售收入来补偿，而只能在未来很长的时期内得以收回，如更新设备、扩建厂房等。由于时间的界限，固定资产投资问题不属于短期经营决策的范围。

（3）短期经营决策是企业的战术性决策

短期经营决策的内容主要是对现有生产能力和资源的有效利用，通常不涉及企业生产能力扩大的问题，影响决策的有关因素的变化情况通常是确定的或基本确定的，许多决策问题如产品生产、材料采购耗用等都是重复性的。因此，短期经营决策是一种战术性决策。

（4）决策者通常是企业中下层管理人员

由于短期经营决策是一种战术性决策，所涉及的是日常经营管理方面的事务，所以，这类决策通常由企业内部中下层管理部门进行。

3. 短期经营决策的假设

短期经营决策的基本假设如下所示：

（1）决策方案不涉及追加长期项目的投资。

（2）经营问题已经明确，决策目标基本形成。

（3）所需预测资料齐全。

（4）各种备选方案均具有技术可行性。

（5）只有单一方案和互斥方案两种决策形式。

（6）凡涉及市场购销的决策，均以市场上具备提供材料或吸收有关产品的能力为前提。

（7）销量、价格、成本等变量均在相关范围内波动。

（8）各期产销平衡。

（三）短期经营决策必须考虑的基本因素

短期经营决策必须考虑的基本因素是相关收入和相关成本。

1. 相关收入

相关收入是指与特定决策方案相联系的、能对决策产生重大影响的、在短期经营决策中必须予以充分考虑的收入。如果某项收入只属于某个经营决策方案，即若有这个方案存在，就会发生这项收入，若该方案不存在，就不会发生这项收入，那么，这项收入就是相关收入。相关收入的计算，要以特定决策方案的单价和相关销售量为依据。相关收入包括差别收入、边际收入等。

（1）差别收入

在进行方案的决策分析时，两个备选方案间预期收入的差异数称为差别收入，也称差量收入。对于单一决策方案，由预期产量增减形成的收入差异也称为差量收入。

（2）边际收入

通常收入与业务量是紧密相关的，收入的增减会随业务量的增减而增减。因此，可以建立以收入为业务量的函数。在数学上，边际收入就是收入对业务量的一阶导数，即收入的差量与业务量的差量之比，当业务量的差量无限变小的极限。在现实的经济活动中，业务量之差不会无限变小，最小只能小到一个单位，否则，就没有什么实际意义了。因此，在现实经济活动中，边际收入的计量是业务量增加或减少一个单位所引起的收入变动。因此，可以把边际收入看成差别收入的特殊情形。

与相关收入相对立的概念是无关收入，无论是否存在某决策方案，均会发生某项收入，那么就可以断定该项收入是无关收入。显然，在短期经营决策中，不能考虑无关收入，否则，就有可能导致决策失误。

2.相关成本

相关成本是指与特定决策方案相联系的，能对决策产生重大影响的，在短期经营决策中，必须予以充分考虑的成本，又称有关成本。相关成本是进行决策时应认真考虑的各种形式的未来成本，是可随决策的选择而改变的成本，相关成本包括差别成本、边际成本、机会成本、付现成本、重置成本、专属成本、可避免成本、可延缓成本等。

（1）差别成本

管理人员在进行决策之前，要对不同的备选方案进行比较，每个备选方案都会发生一定的预期成本，这样就有必要将不同备选方案的预期成本加以比较。两个备选方案间预期成本的差异数称为差别成本,也称差异成本、差量成本。

除上述含义之外,对于单一决策方案,由于预期产量增加或减少所形成的成本差异也称为差量成本。

差量收入与差别成本之差称为差别利润或差量利润。

(2)边际成本

边际成本是在假定成本为业务量函数的基础上,成本对业务量的导数即成本的差量与业务量的差量之比,当业务量的差量无限变小的极限,与边际收入同理。在现实经济活动中,边际成本的计量是业务量增减一个单位所引起的成本变动,因而,可以把边际成本看成差别成本的特殊情形。

(3)机会成本

在若干个备选方案中,选取最满意方案而放弃另一个满意方案所丧失的潜在利益,就构成实施最满意方案的机会成本。对会计事项关系而言,就是由于放弃某一方案实现的机会而失去的收益。这部分收益应由被选方案的收益来补偿,如果被选方案的收益不能补偿机会成本,说明被选方案不是最满意的。机会成本虽然不是实际支出,也不记入账簿,有时甚至难以计量,但在进行决策时,要把它作为一个现实的重要因素加以考虑,否则,就可能做出错误的选择,不能取得应有的效果。

(4)付现成本

付现成本是指那些由于未来某项决策引起的需要在最近期间或将来支付现金的成本,是一种未来成本。付现成本是在某项决策需要付现但又要全面衡量该项决策在经济上是否真正有利时,应予以认真考虑,尤其是在企业资金紧张的时候更应慎重对待。在实际经济活动中,企业往往宁愿采纳总成本高而付现成本较低的方案,而不采纳总成本较低而付现成本较高的方案。在这种情况下,付现成本比总成本意义更大。只有符合企业目前实际支付能力的方案,才算得上是最优方案。

(5)重置成本

重置成本是指目前从市场上重新取得某项新的现有资产所需支付的

成本,也称为现时成本或现行成本。它带有现时估计的性质。与重置成本直接对应的概念是账面成本,即一项资产在账簿中所记录的成本。通常,企业资产是按历史成本或实际成本记账的。有些备选方案需要动用企业现有的资产,在分析评价时不能按照账面成本来估价,而应该以重置成本为依据。

例如,某企业有库存商品账面单位成本为 200 元,重置成本为 250 元,若按历史成本考虑,售价定为 230 元,认为可获毛利 30 元,但这些商品出售后再依重置成本补进时,反而每件亏损 20 元。不难看出,重置成本在定价决策中是不可忽视的重要因素。

(6)专属成本

专属成本是指那些能够明确归属于特定决策方案的固定成本。它往往是为了弥补生产能力不足的缺陷,增加有关装置、设备、工具等长期资产而发生的。专属成本的确认与取得装置、设备、工具的方式有关。若采用租入的方式,则专属成本就是与此相关联的租金成本;若采用购买方式,则专属成本的确认还必须考虑有关装置、设备、工具本身的性质。如果取得的装备等长期资产是专用的,即只能用于特定方案,则专属成本就是这些装备的全部取得成本;如果取得的装备等长期资产是通用的,则专属成本就是与使用这些装备有关的主要使用成本(如折旧费等)。

(7)可避免成本

可避免成本是指通过企业管理当局的某项决策可以改变其发生数额的成本。也就是说,如果企业采用了某个特定的方案,与其相联系的某项支出必然发生;反之,如果企业拒绝接受该项方案,则与此相联系的某项支出就不会发生。成本的发生及其数额与决策行为密切相关,这样的成本就属于可避免成本,如酌量性固定成本就属于可避免成本。

(8)可延缓成本

可延缓成本是指对已经选定的某方案如果推迟执行,不会对企业的全局产生重要影响,那么,与此方案相关的成本就称为可延缓成本。例如,某企业的办公条件较差,原来打算在计划年度改善办公条件,在办公室安装空调,现在考虑到计划年度资金比较紧张,经过讨论决定将安装空调的方案推迟到下个计划年度执行,那么,与安装空调相关的成本就属于可延缓成本。因为安装空调与否,对企业的全局不会产生重要影响。

与相关成本对立的概念是无关成本。凡不受决策结果影响,与决策关系不大,已经发生或注定要发生的成本就是无关成本。无论是否存在某项决策,均会发生某项成本,那么就可以断定该项成本是无关成本。在短期经营决策中,不能考虑无关成本,否则,可能会导致决策失误。无关成本主要包括沉没成本、共同成本、不可避免成本、不可延缓成本等。

第一,沉没成本是指由过去决策所引起的并已支付过的成本,亦称旁置成本。从广义上说,凡是过去已经发生,不是目前决策所能改变的成本,都是沉没成本。从狭义上说,沉没成本是指过去发生的,在一定情况下无法补偿的成本,与"历史成本"同义。例如,某企业有一台生产设备,原价 20000 元,累计折旧 18000 元。账面价值(净值)2000 元就是沉没成本。很明显,沉没成本一经耗费就一去不复返了。虽然在决策中不必考虑沉没成本,但是,要注意区分和判别沉没成本,否则可能导致决策失误。

第二,共同成本是与专属成本相对立的成本,是指应由多个方案共同负担的注定要发生的固定成本。由于它的发生与特定方案的选择无关,因此,在决策中可以不考虑,属于比较典型的无关成本。

第三,不可避免成本是与可避免成本相对应的成本概念,是指通过企业管理当局的某项决策不能改变其发生数额的成本。就是说,该项成本的发生与特定的决策方案无关,也不取决于有关决策方案的取舍。约束性固定成本就属于不可避免成本。

第四,不可延缓成本是与可延缓成本相对应的概念,是指即使企业受到资源稀缺的约束,对于已经选定的方案也必须立即执行,不得推迟。否则,将对企业的全局产生重要影响,那么与此方案相关的成本就称为不可延缓成本。例如,企业某项关键设备出现严重故障,需要立即进行大修理,否则,将影响企业的正常生产经营活动,致使企业遭受重大损失。这时,即使企业资金再紧张,也必须想方设法,立即修复该项关键设备,尽快让设备投入运行。因此,与关键设备进行大修理相关的成本就属于不可延缓成本。由于不可延缓成本具有较强的刚性,注定要发生,所以必须保证对它的支付,没有什么选择的余地。

之所以将相关收入、相关成本作为决策分析必须考虑的基本因素,是因为在对内或对外短期决策分析中,直接以相关收入扣除相关成本为决策分析的标准。而在对内或对外长期决策分析中,则是利用货币时间价值、投资风险价值和通货膨胀补偿价值,对相关收入和相关成本进行调整,采用一定的方法进行定量和定性分析,以取得决策的最终结果。

二、生产决策

生产决策是企业经营决策的重要一环。一个企业经常碰到的决策问题,大多是生产方面的决策问题。这些需要决策的问题,往往有多种方案可以进行,不同的方案,往往经济效益相差很多。通过生产决策,选取一个最佳方案,就能提高企业的经济效益。

(一)生产品种决策

1. 新产品开发的品种决策

企业只有不断地开发新产品,促进产品更新换代,才能不断满足社会需要,维持和扩大市场占有率,取得经营主动权。如果跟不上市场发展趋势,不开发新产品,企业最终将被市场淘汰。

这里介绍的新产品开发的品种决策,是指可以利用企业现有生产能力来开发某种在市场上有销路的新产品,主要涉及新产品品种的选择问题、开发新产品与减少老产品的决策问题,此类决策主要采用差量分析法或相关分析法。

2. 亏损产品的决策

亏损产品的决策主要研究在企业组织多品种生产时,如果某一种产品的收入低于按全部成本法计算的产品成本,出现了亏损,那么是停产该亏损产品或转产,还是按原有规模继续生产该亏损产品,抑或增产该亏损产品,应从下面两个方面讨论。

(1)剩余能力无法转移时,亏损产品是否停产的决策

生产能力无法转移,是指当亏损产品停产以后,闲置下来的生产能力无法被用于其他方面,即既不能转产,也不能将有关设备转作他用。此

时,只需考虑亏损产品的贡献毛益。

当亏损产品贡献毛益小于零时,这种产品生产越多,亏损越多,除非特殊需要,否则应停产该亏损产品;当亏损产品贡献毛益大于零时,这种产品对企业还是有贡献的,它之所以亏本,是因为贡献毛益还不足以弥补全部固定成本,如果停止生产,由于固定成本依然存在,亏损不仅不能减少,反而会增加。因此,应继续生产该亏损产品,如果生产能力允许,又能保证销售,还应增产该亏损产品,因为增加的贡献毛益就是使企业减少的亏损或增加的利润。

(2)剩余能力可以转移时,亏损产品是否停产的决策

如果亏损产品停产以后,闲置下来的生产能力可以转移,如转产其他产品、用于承揽零星加工业务、将有关设备对外出租等,此时必须进一步考虑机会成本因素。

当亏损产品的贡献毛益大于或等于与生产能力转移有关的机会成本时,就不应当停产,如有条件,还应增产亏损产品,不然的话,企业将因此而减少亏损产品贡献毛益与有关机会成本之差的利润;当亏损产品的贡献毛益小于与生产能力转移有关的机会成本时,应当停产。

确认与生产能力转移有关的机会成本,应当具体问题具体分析,如果将闲置下来的生产能力转产其他产品或用于承揽零星加工业务,则与继续生产亏损产品有关的机会成本就是转产或承揽零星加工业务可望获得的贡献毛益(在有专属固定成本时,应是剩余贡献毛益);如果将闲置下来的设备用于对外出租,则与继续生产亏损产品有关的机会成本就是可望获得的租金收入。

3.有关产品深加工的决策

某些制造企业生产的产品可按不同的加工深度组织经营,如深加工前的半成品、联产品或副产品既可以直接销售,又可以进行一定深度的加工。因此,这类企业就会面临对上述产品究竟是直接销售还是进一步加工的决策。

在这类决策中,深加工前的半成品、联产品或副产品的成本(无论是变动成本还是固定成本)都属于沉没成本,是与决策无关的成本,相关成

本只包括与深加工有关的成本,而相关收入则包括直接出售和加工后出售的有关收入。一般以收益或贡献毛益为标准,采用差量分析法或相关分析法进行决策分析。

(二)生产数量决策

在生产的产品品种确定以后,决策者就要面临生产多少的问题。企业已正式投产的产品,在价格已定及现有生产经营条件下,产品的生产数量究竟为多少时,才能使企业利润最大,就是生产数量决策问题。下面主要介绍单一产品生产数量决策、多品种产品生产数量决策以及最优生产批量决策问题。

1.单一产品生产数量决策

单一产品生产数量决策的评价标准是利润最大。如果已知利润是产销量的连续可微函数,当边际利润为零(即边际收入等于边际成本)时,利润最大,以此来确定可使利润最大的产品生产数量。

2.多品种产品生产数量决策

当企业利用现有生产能力生产两种或两种以上的产品时,由于企业的资源是有限的,即受到生产能力、材料供应、市场销售、资金等各种资源的限制,生产的总规模不能超越这些约束条件,就会遇到每种产品各生产多少才能使利润最大化,即产品最优组合的决策,或称为企业资源的合理利用决策。

如果企业生产的多种产品之间在企业的生产能力上或市场需要上都互不相关,则不存在多种产品之间的生产数量决策问题。

如果企业生产的多种产品之间在企业的生产能力上互不相关,但在市场需要上却相互影响,如洗衣粉多销必然影响肥皂的销售。在这种情况下,企业应尽可能生产和销售贡献毛益比较大的产品。

如果企业生产的多种产品在企业的生产能力上相互影响,一种产品增产了,必然影响其他产品的生产,从而产生多品种产品数量决策。

由于确定产品组合时,一般不改变现有生产能力。因此,固定成本为无关成本,在这种情况下,贡献毛益最大的产品组合,其利润也必然最大。因此,通常将贡献毛益最大作为评价方案优劣的标准。

产品最优组合决策采用的分析方法是最优分析法,经常采用的是线性规划问题中的图解法和单纯形法。线性规划问题是指在一定的目标下(如利润最大或成本最小),将有限资源最有效地分配到各项经济活动中的一种数学模型。通常,在一个数学模型中有若干个需要确定的未知数,称为决策变量。把模型所要达到的目标表示成这些变量的函数,称为目标函数。在实现目标的过程中,会有各种客观条件的限制,将其表示成与决策变量有关的等式或不等式,称为约束条件;满足全部约束条件的决策变量组成的集合,称为可行解集;只有两个变量的可行解集,称为可行解区域。线性规划模型的特点是目标函数和约束条件都是线性的。

(1)只生产两种产品的数量决策

如果企业只生产两种产品,可用线性规划问题中的图解法求得最优组合(当然也可用单纯形法求得最优组合,但要比图解法麻烦得多),具体步骤如下。

①根据两种产品的有关资料,确定目标函数和约束条件。

②根据约束条件,在平面直角坐标系中绘出相应的直线,确定产品组合的可行解区域。

③在可行解区域内,确定使目标函数达到最优的产品组合。

(2)生产两种以上产品的数量决策

如果企业生产两种以上的产品,图解法就难以胜任了。在这种情况下,一般用线性规划问题中的单纯形法求解。单纯形法是用线性代数解联立方程时在迭代法的基础上发展起来的,它是用来求解具有线性关系的极值问题的最一般且有效的专门方法。可以证明,只要线性规划问题存在可行解,则它必有基本可行解(角点),而可行解集的角点个数只有有限多个。为了求得最满意解,只需要在这有限多个角点中找到满足目标函数的角点。与图解法的基本思路完全一致,只是先求得一个角点(基本可行解),利用有关判别定理判定它是否一定是最满意解。如果经过判定它是最满意解,则计算终止;否则,就设法迭代到另一个角点,并使目标函数值有所改进。如此进行下去,经过有限次迭代,最后必定可以求得一个最满意解。

由于采用单纯形法求解两种以上产品的最优组合,计算工作量太大,一般应借助电子计算机求解。

3.最优生产批量决策

在成批生产单一品种的企业里,如果全年产品生产总量是固定的,这时就会遇到每批产品生产多少、全年分为几批生产最为经济的问题。同样,在成批生产多种产品的企业里,如果全年每种产品的生产量都是固定的,有些设备要分批轮换生产几种不同的产品,也会遇到每批产品生产多少、全年分为几批生产最为经济的问题,这就是最优生产批量的决策问题。

对于这类问题进行决策,通常将相关总成本最低作为评价方案优劣的标准,经常采用的方法是最优分析法。

由于全年生产量固定,因此,产品的生产成本与生产批量无关,而与调整准备成本和储存成本有关。

调整准备成本是指在每批产品投产前进行调整准备工作而发生的成本,如调整机器设备、准备工卡模具、布置生产线等。这类成本每次发生额基本相等,它与每批生产批量没有直接联系,而与生产批次成正比。

储存成本是指为储存产品而发生的年成本,如仓库及设备的维修费、折旧费、保险费、通风照明费、仓库保管人员工资、产品占用资金的应计利息、自然损耗等。这里只考虑与产品生产批次无直接联系,而与产品生产批量呈正比例变动的变动储存成本。

调整准备成本与变动储存成本显然是此增彼减的关系,最优生产批量决策就是确定使调整准备成本与变动储存成本之和最低时的生产批量,并称该生产批量为最优生产批量。

(三)生产组织决策

生产组织决策是要解决如何组织和安排生产的问题,即怎样生产的问题。下面主要介绍零部件是自制还是外购的决策、选用不同加工设备的决策、设备出租或出售的决策。

1.零部件是自制还是外购的决策

企业经常会遇到零部件是自己生产还是从市场上购买的选择问题。

这类问题主要关系到企业根据"扬长避短"的原则,合理地利用有限的生产经营能力,以实现更好的经营成果。因为自制或外购的预期收入是相同的,所以只需将自制与外购两个方案的预期成本相比较,以成本最低为择优的标准,采用差量分析法、相关分析法或成本无差别点分析法进行决策。

2.选用不同加工设备的决策

企业在产品品种、数量决策之后,选用不同加工设备的决策。

(1)不足设备购置、租赁或外协的决策

当企业开发新产品遇到某些设备不足时,可以购建设备,也可以租赁设备,还可以找外协单位加工,其采用决策分析的方法与零部件是自制还是外购的决策分析方法完全相同。

(2)选用不同加工设备的决策

有些企业,同一种产品可以用不同类型的设备加工制造,如同一种产品既可以用手工操作方式,又可以用半机械化、机械化或自动化设备进行加工制造。一般情况下,机械化自动化程度越高,产品单位变动成本就越低,因为可以降低材料消耗,降低工人劳动强度,提高劳动生产率,但这就相应要求增加固定成本。反之,则会出现相反的情况。因此,必须根据市场供求条件、产品所处的寿命周期阶段等信息以及未来的销量变动趋势,以销定产,根据生产计划规模决定选用何种设备。这种决策仍以成本最低为最优标准,通常采用相关分析法或成本无差别点分析法。

3.设备出租或出售的决策

在市场经济条件下,企业必须以市场为导向,根据市场需求不断调整企业的生产经营方向和策略。企业在进行生产经营方向调整时,有时会产生闲置的设备。一旦出现设备闲置,企业就面临设备出租还是出售的决策问题。通常以收益最大为最优标准,采用相关分析法差量分析法进行决策分析。

(四)非确定型的生产决策

在决策分类中,按决策所依据的条件、状况分类,决策可分为确定型决策、风险型决策和不确定型决策。生产决策中的生产品种决策、生产数量决策、生产组织决策都是确定型决策,这类决策所涉及的各种备选方案的各项条件都是已知的,且一个方案只有一个明确的结果,只要经过比较分析就可在多个互斥备选方案中选出最优方案。

如果在生产经营决策中,涉及的每个备选方案一般都有多种可能结果。企业应如何进行决策方案的分析评价呢?下面分两种情况进行分析评价。

1. 风险型生产决策

风险型生产决策所涉及的各种备选方案的各项条件都是已知的,且一个方案有多种结果都是确定的,每种结果出现的概率都是已知的,对于这种类型生产决策一般采用概率分析法,以收益(利润)最大(或贡献毛益最大、成本最低)为标准进行分析评价。

2. 不确定型生产决策

不确定型生产决策所涉及的各种备选方案的各项条件并不都是已知的,主要表现为决策者事先不知道决策可能出现的结果,或者虽然知道决策的几种可能结果但不知道出现各种结果的客观概率。

对于这种类型的生产决策,一般都可转化为以下两种处理办法。

(1)不确定型生产决策转化为风险型生产决策

如果知道决策的几种可能结果但不知道出现各种结果的客观概率,可以人为地给出各种可能结果的主观概率,把不确定型生产决策转化为风险型生产决策从而采用概率分析法进行决策分析。

(2)选择其他标准进行评价分析

选择其他标准进行评价分析,如小中取大法、大中取小法、大中取大法、折中决策法,分别介绍如下。

①小中取大法

小中取大法也称为悲观决策方法。由于这种方法由瓦尔德首创,因此也称为瓦尔德决策准则。其基本思路是:首先从各个方案中选出一个最小的收益值,然后再从中选出一个收益值最大的方案作为最满意方案的决策方法。

②大中取小法

大中取小法也称为最小的最大后悔值决策法。这种方法由萨凡奇首创,因此也称为萨凡奇决策准则。当某种自然状态出现时,就可以很清楚地看出哪一个方案是最满意的方案。最优方案的收益值与所采用方案的收益值之差就称为后悔值,即损失额。大中取小法就是从各个方案的最大后悔值中选择最小值的方案作为最满意方案的决策方法。

综上,无论小中取大法,还是大中取小法,都是决策者对不确定性决策方案持审慎、稳健的态度。

③大中取大法

大中取大法也称为最大的最大收益值法,是在各种不确定决策方案中,选择最有利的市场需求情况下具有最大收益值的方案作为最满意方案的决策方法。

④折中决策法

折中决策法是在确定乐观系数 α 和各方案预期最高收益值和最低收益值的基础上,以 α 和 1−α 为权数计算出每个方案的加权平均值,并在各方案的预期价值,即加权平均值中选取最大加权平均值方案作为最满意方案的决策方法。决策者在确定乐观系数 α 时,应采取现实主义的态度,根据实际情况和自己的实践经验折中确定。α 的取值范围是 $0 < \alpha < 1$,如果 α 取值接近 1,则比较乐观;如果接近 0,则比较悲观。每个备选方案的预期价值按照以下公式进行计算:

$$\text{预期价值} = \text{最高收益值} \times \alpha + \text{最低收益值} \times (1 - \alpha)$$

三、定价决策

产品定价决策是最复杂的管理决策之一。定价决策将影响企业的经营规模、产品组合和长期获利能力。选择一项适当并且能被市场接受的售价,对企业的成功有着不可低估的影响。企业应当重视定价决策。

(一)定价决策的范围

管理会计中的定价决策只是在一定的范围内才起作用的,而并非适用于确定所有商品的价格。

高度发达的市场经济环境中的价格划分为垄断价格、完全自由竞争价格和企业可控价格三大类。其中,垄断价格(不论是国家垄断价格还是企业财团垄断价格)对于个别企业来说,始终具有强制性的支配效能,企业只有执行的义务,没有变更的权力,不存在定价决策问题。在完全自由竞争条件下,即当市场上某种商品的供应者与消费者的数量都很多,又很分散,则此时完全由供求规律支配所形成的价格为完全自由竞争价格。因此,企业必须根据市场客观的供求规律去测定均衡价格并自觉地执行它,而不必为如何制定价格去操心,因为这一职能将由市场本身有效地执行。只有企业可控价格才属于管理会计中的定价决策的范围,所谓企业可控价格是指企业可以自行进行决定的价格,企业的经济效益与定价决策的好坏有着密切的联系。

(二)企业的定价目标

一般认为,企业要做好定价工作,必须按定价程序做好三项工作:一是确定定价目标;二是研究和选择定价方法;三是研究和制定定价策略,掌握定价技巧。确定定价目标是每一个企业制定产品价格的首要过程。所谓定价目标,就是指每一种产品的价格在实现以后应达到的目的。在定价决策中,要求所选择的价格能够为实现企业所期望的各项目标提供最大的可能性。但实际上,没有一项价格能够同时实现企业的各项目标。所以,管理部门在制定一项价格之前,应当确认最重要的目标。企业的定价目标一般有以下几种。

1.利润最大化

获取最大利润是多数企业定价的最基本目标,也是最终目标,但利润最大化并不意味着价格最大化。价格的高低是影响企业利润的重要因素,但不是决定利润大小的唯一因素。企业利润的实现,归根到底要以产品能够顺利实现销售,满足市场需要为前提。如果产品价格定得过高而卖不出去,利润将如同泡影,失去了市场比少赚一些利润的损失将更大。因此,在一般情况下,利润最大化是指达到企业长期目标的总利润而言。

不同企业为实现这一目标,往往根据不同的情况,对不同产品选择不同的定价目标。

2.目标投资报酬率

目标投资报酬率是企业经常采用的注重长期利润的一种定价目标,是指投资者确定的每一单位投资应获得的纯利或毛利,通常用百分比表示。投资报酬率被广泛地认为是衡量管理效率的决定性指标。管理决策者可以通过选择什么样的售价来达到目标投资报酬率,以帮助经营。

3.保持和提高市场占有率

市场占有率是指某一特定品牌产品的销售量占本行业同种产品销售量的百分比,也称市场份额,它是反映企业经营状况好坏和产品竞争能力强弱的一个重要指标。能否维持和提高市场占有率,对企业来说有时比获得预期收益更为重要。企业要发展,产品就必须有稳定的销路,只有销售量不断扩大,才能在不断满足市场需求的同时,使企业的利润稳步增长。

定价决策是一项极其复杂的问题,管理决策者在制定价格时必须在短期目标与长期目标之间进行权衡。从长期来看,价格必须补偿全部成本并能带来充分的投资报酬。但是从这点出发,很可能会导致企业采取不够灵活的定价策略,使企业在短期经营中无力与雄心勃勃的竞争对手较量,甚至妨碍企业实现长期目标。成本数据可以作为定价决策的依据,但不应妨碍管理决策者在需求扩大或竞争压力增大时对价格进行调整。

(三)以成本为导向的定价决策方法

成本是企业生产和销售产品所发生的各项费用的总和,是构成产品价格的基本因素,也是价格的最低经济界限。从长期的角度看,销售价格必须足以补偿全部的生产、管理和销售成本,并为投资者提供合理的利润,以维持企业的生存和发展。以成本为基础制定产品价格,不仅能保证生产中的耗费得到补偿,而且能保证企业必要的利润。成本加成定价法是最普遍采用的产品定价方法,也是最基本的产品定价方法。

成本加成定价法是指在成本基数的基础上加成,得到目标销售价格。

这里的成本基数,可以是完全成本法下计算的产品成本,也可以是变动成本法下计算的变动成本或变动生产成本。下面分别讨论这两种成本基数为基础的成本加成定价法。

1.完全成本加成定价法

企业采用完全成本加成定价法,其成本基数为单位产品成本,虽然管理及销售费用不包括在成本基数之内,却是考虑加成的基础,因此,加成必须能充分弥补这些成本,并为企业提供满意的利润。也就是说,加成的内容包括期间费用及合理利润,其计算公式为:

$$产品单价＝单价产品成本×(1＋加成率)$$

其中:

$$加成率＝\frac{投资额×期望的投资报酬率＋期间费用}{预计产量×单位产品成本}$$

2.变动成本加成定价法

企业采用变动成本加成定价法,其成本基数为单位产品的变动成本。虽然全部固定成本不包括在成本基数之内,但是,它们是考虑加成的基础。因此,加成必须弥补这些成本,并为企业提供满意的利润。也就是说,加成的内容包括全部固定成本及合理利润,其计算公式为:

$$产品单价＝单位变动成本×(1＋加成率)$$

其中:

$$加成率＝\frac{投资额×期望的投资报酬率＋固定成本}{预计产量×单位变动成本}$$

(四)以市场需求为导向的定价决策方法

在市场经济环境下,企业必须以市场为导向,以销定产。在其他条件不变、销售量或销售结构一定的情况下,产品销售价格越高,销售收入也越高,从而实现的利润就越多。但是销售价格提高,市场需求就会减少,从而导致销售量减少。而且随着销售量减少,以销定产,生产规模缩小,达不到规模经济的效果,产品单位成本又会相应地提高,反过来导致利润减少。由此可见,产品销售价格的变动与影响利润变动因素之间存在着错综复杂的消长关系。定价决策的中心问题就是如何根据这种关系确定价格、数量的最优组合,以促进企业在一定市场容量下实现利润最大化。

在这个基础上形成的销售价格就是最优销售价格。因此,如何以市场为导向,适应一定的市场环境,合理地确定产品的最优价格就成为产品定价决策的关键所在。

对企业自行定价的产品,究竟如何以市场需求为导向进行定价决策呢?高价创造的单位贡献毛益高,而低价有促销的功能,究竟是定价越高越好还是越低越好呢?要回答这个问题,必须把价格和市场需求量联系起来考虑:定价过高,销售量就会减少,一旦达不到保本点,企业就会发生亏损;定价偏低,可能无法提供贡献毛益或贡献毛益较少,也会发生亏损。

可见,最优价格既不应是水平最高的价格,也不应为水平最低的价格。确定最优售价应充分考虑价格、收入、成本、销售量之间的关系。采用利润最大化定价法进行产品定价决策,由于收入和成本函数有"连续型"和"离散型"之分,故最优价格的确定有公式法与列表法两种方法。

1.式法

公式法是指当销售收入函数与成本函数均是产销量的连续可微函数且边际利润等于零时,即边际收入等于边际成本时利润最大,此时的销量、价格即利润最大的销量—售价组合,这一价格就是最优价格。

2.列表法

如果收入函数和成本函数都是离散型的,可以通过列表法找到使利润最大的销量和单价,该点的销量、售价就是最优销量—售价组合。

(五)定价策略

企业在定价决策过程中,除了借助教学模型进行定量分析外,还要根据企业本身的实践经验和判断能力进行必要的定性分析,并采取灵活的策略,随机应变。因此,企业在定价决策过程中还要和定价策略结合起来,通盘考虑,以使企业取得尽可能多的利润。

1.新产品定价策略

当新产品投放市场定价时,通常有两种定价策略,一种叫撇脂法,另一种叫渗透法。

撇脂法是比喻从鲜奶中撇取乳酪，它是指在新产品上市时，先将价格定得很高，以获取较高的边际利润，随着产品销路的扩大，再逐步降价的方法。渗透法是指当新产品投放市场时，价格规定尽可能低一些，以扩大销售量，增加市场占有率，提高商品信誉，逐步获得高额利润的方法。前者着眼于短期收益，后者着眼于长期利益，两者各有利弊。

对于那些同类竞争产品差异性较大，能满足较大市场需要、弹性小、不易仿制的新产品，最好按撇脂法定价；而对于那些与同类产品差别不大、需求弹性大、易于仿制、市场前景光明的新产品应考虑按渗透法定价。

2. 配套产品定价策略

配套产品的定价策略可分为两种情况，一种是对互补关系的配套产品，如钢笔与墨水、唱机和唱片、照相机和胶卷等配套产品，在充分研究了产品市场和顾客的心理后，可以采用此降彼升的办法。例如，照相机降价，而胶卷提价，通过降价打开照相机的销路，从而从胶卷总销量增加带来的增收中得到超过照相机降价损失的超额补偿，可谓"失之东隅，收之桑榆"。

另一种是具有配套关系的相关商品，就是既可以配套使用，也可以单独使用的产品，如沙发与茶几、床与床头柜等家具、西服套装中的上衣与裤子等，可以规定两组价格，即成套价格和单件价格，成套价格低于单件总价，则能通过成套销售增加企业总收入。

3. 心理定价策略

心理定价策略主要包括以下几种形式。

（1）尾数定价法

例如，对某商品宁可定价 99.8 元，也不定为 100 元，这往往不是精确计算成本的结果，而是为了适应消费者购买心理的一种取舍，这样既能给消费者一个价格较低的印象，又能使消费者认为企业定价认真准确，从而产生一种信任感。这种价格又叫诱人的价格，一般适用于价值较小、销售量大、销售面广、购买次数多的中、低档日用消费品。对于高档商品则不宜采用，否则会影响商品信誉。

（2）整数定价法

与尾数定价法相反，整数定价法是以整数为商品定价的一种方法。

消费者购物时，特别是在选购耐用消费品或高档商品时，看重的往往是其质量。在他们看来，价格越高，说明质量越好，安全保险系数越大。因此，为高档商品或耐用消费品定价时，易采用整数定价，给消费者一种质量好、可靠性强的印象，从而刺激其购买欲望。

（3）对比定价法

当一种商品的牌子、性能不为广大消费者所熟悉与了解，其市场的接受程度较低，或亟待出售需降价处理的商品，向消费者宣传"原价×××元的商品，现以××元出售"，通过削价前后对比，促使顾客积极购买。

（4）吉祥数字法

利用顾客万事都图个吉利的想法，可以采用顾客喜欢的吉祥数字为商品定价，如18元（已发）、88元（发发）、888元（发发发）、66元（六六大顺）等，使顾客觉得既买了商品，又讨了个吉利。

4. 折扣定价策略

折扣定价策略是指在一定条件下，以降低商品的销售价格来刺激购买者，从而达到扩大商品销售量目的的定价策略，具体方式有以下几种。

（1）数量折扣

数量折扣是一种按购买者购买数量的多少所给予的价格折扣。购买者购买数量越多，则折扣越大。

（2）现金折扣

现金折扣是一种按购买者付款期限长短所给予的价格折扣，其目的在于鼓励购买者尽早偿付货款，加速资金周转。

（3）交易折扣

交易折扣是指生产企业在产品销售中，对中间商给予的不同优待，即按低于牌价销售商品。一般来说，对批发商价格折扣大些，对零售商价格折扣小些。

（4）季节性折扣

季节性折扣是对购买者在商品淡季购买所付出的价格折扣。这样做,既鼓励了购买者提早采购,减轻了企业的仓储压力,又加速了企业资金周转,充分发挥企业的生产能力。

5.竞争定价策略

竞争定价策略是通过刺探主要竞争对手的价格水平,然后决定自己的价格水平的定价策略。对于疲软的对手,常用低价倾销的手段,将对手挤跑,或挤倒;对于强硬的对手,常用你提我也提,你降我也降的定价策略;对于势均力敌的对手,常用联合协商、缔结价格合约的策略。

6.供求状况定价策略

如果产品订单积存很多,产品生产已满负荷,这时就应将产品价格定得高些;反之,产品价格应定得低些。在通货膨胀时,往往需求较大,产品的提价应超前于成本的上升。

7.分期收款定价策略

分期收款定价策略适用于价格偏高的耐用消费品的定价,如小汽车、住房等。在计价时,各期收款的价格中应包括延付利息在内。采用本策略,可促进及时销售,避免商品的大量积压。

四、存货决策

存货是指企业在生产经营过程中为销售或耗用而储存的各种物资。工业企业的原材料、半成品、产成品和商业企业的待售商品等存货,往往占用了企业极大部分的流动资金。虽然有人提出了向"零存货"进军的口号,至少在某些企业还不能实现。

存货过多或存货不足对企业都是不利的。存货过多必然增加资金占用,不仅增加资金成本,还会增加储存费用;存货不足会影响企业生产、销售正常进行,造成停工待料、停售待货,或发生销售违约赔偿等损失。采购或投入的存货批量过少,会引起存货不足;批量过多,又会增加相关成本。存货决策就是确定使存货既能满足生产需要,又能使其储备总成本最低的进货批量及进货时间,并称此进货批量为经济(或最优)订货量,进货时间为再订货点。再订货点通常是指企业发出订单时,尚有存货的库存量。

(一)存货储备总成本包括的内容

1.采购成本

采购成本是指由购买存货而发生的买价和运杂费构成的成本。设年需用量为 D,单位采购成本为 U,采购成本＝D・U(若为自制存货,采购成本指存货生产成本)。

2.订货成本

订货成本是指为订购存货而发生的各种成本。其中,一部分是为了维持一定期间的采购能力而发生的相对稳定的成本称为固定订货成本,如采购机构的管理费、办公费、采购人员工资等;另一部分是与订货次数成正比例变动的成本,称为变动订货成本,如差旅费、邮电费、商品检验费等。设 Q 为每次订货量,每次订货的变动订货成本为 K,则变动订货成本＝$\dfrac{D}{Q}$・K(若为自制存货,订货成本指调整准备成本)。

3.储存成本

储存成本是指为储存存货而发生的各种成本。其中,一部分在一定时期内与存货储存数量多少无关,相对稳定的成本,称为固定储存成本,如仓库及设备折旧费、仓库职工的固定工资、办公费等;另一部分是与存货数量成正比例变动的成本,称为变动储存成本,如仓储费、仓库内部搬运费、存货占用资金的利息费用等。设单位储存成本为 C,则平均变动储存成本＝$\dfrac{Q}{2}$・C。

4.缺货成本

缺货成本是指由于存货数量不能及时满足生产和销售的需要而给企业带来的损失。例如,缺货引起的停工损失、产成品库存缺货造成的拖欠发货损失(包括支付的罚金、信誉损失)、失去销售机会损失、因临时采取紧急措施补足缺货而发生的超额费用等。缺货成本大多是机会成本,计量比较困难。设缺货成本为 E。

上述成本中的固定成本均与经济订货批量无关,这样,若设与经济订货批量的相关总成本为 T,则有:

$$T=D \cdot U+\frac{D}{Q} \cdot K+\frac{Q}{2} \cdot C+E$$

虽然与经济订货量有关的存货总成本等于采购成本、变动订货成本、变动储存成本与缺货成本之和,但影响上述成本的因素却很复杂,确定经济订货量绝非易事。因此,可以先给出一些假设条件,先将复杂问题简单化,建立经济订货量的基本模型,然后再将假设条件逐一取消,进行一般情况下的决策分析。

(二)经济订货量的基本模型

1.经济订货量基本模型的假设条件

建立经济订货量基本模型的假设条件如下。

(1)全年需求量固定不变,且可预知为 D,不存在数量折扣,即存货单价稳定不变,U 为已知常量。

(2)需要存货时,均能一次到货,而不是陆续到货。

(3)需要存货时,均能马上到货,即交货期为零。

(4)存货的消耗是连续的、均匀的。

(5)不允许缺货现象发生,即无缺货成本。

2.经济订货量的基本模型

在上述假设条件下,存货相关总成本＝变动订货成本＋变动储存成本。

即 $T=\frac{D}{Q} \cdot K+\frac{Q}{2} \cdot C$

令 $T_Q'=-\frac{D}{Q^2} \cdot K+\frac{C}{2}=0$

解得:经济订货量 $Q^*=\sqrt{\frac{2 \cdot D \cdot K}{C}}$

最佳订货次数 $N^*=\frac{D}{Q^*}$

最佳订货周期(年)$t^*=\frac{1}{N^*}$(年)$=\frac{12}{N^*}$(月)$=\frac{360}{N^*}$(天)

经济订货量占用资金$=\frac{Q^*}{2} \cdot U$

相关最低总成本 $T^* = \sqrt{2 \cdot D \cdot K \cdot C} = Q^* \cdot C$

再订货点为零,即存货为零时再去订货。设再订货点为 R,即 R=0。

(三)经济订货(生产)量基本模型之否定

经济订货(生产)量是在众多假设条件下,使存货相关总成本＝订货成本＋储存成本最低的采购(生产)批量。一旦假设不能满足,就无法确定经济订货量。由于信息时代、网络时代的到来,存货的订货成本越来越小,甚至打个电话、发个邮件就可以订货,尤其是供应链的网络化,将供应商、企业、分销商和零售商更加紧密地联系在一起,完成由企业物资需求到给企业提供所需物资和服务的全过程,大大降低订货成本,导致存货相关总成本基本上等于储存成本。订货成本与储存成本的此消彼长,以及订货成本的微乎其微,已不足以影响存货相关总成本。因此,经济订货(生产)量被 ERP 系统、适时生产系统的"零存货"全部取代,这只是个时间问题。

1. ERP 系统对经济订货(生产)量基本模型之否定

ERP 系统向经济订货(生产)量发起挑战经历了物料需求计划(MRP)、制造资源计划(MRP Ⅱ)、企业资源计划(ERP)的发展过程。

(1)MRP 系统

MRP 系统即"物料需求计划"(Material Requirement Planning,MRP),是 20 世纪 60 年代发展起来的一种将库存管理与生产进度计划结合为一体的计算机辅助生产管理系统。它可以用来计算物料需求量和需求时间,而不需要用经济订货(生产)量基本模型和再订货点来确定物料需求量和需求时间,比按经济订货(生产)量和再订货点更适合按需要适时组织生产。

(2)MRP Ⅱ 系统

MRP Ⅱ 系统即制造资源计划(Manufacturing Resource Planning,MRP Ⅱ),它是在闭环 MRP 的基础上加入了财务管理、营销管理、作业监控等功能模块,所形成的一个覆盖企业全部生产资源的管理信息系统。这里的闭环 MRP 是指主生产计划及需求计划计算后,通过能力需求计划等模块进行生产能力平衡和计划调整,并收集生产活动执行情况,适时反馈,作为制订下一周期计划或调整计划的依据,形成计划执行反馈的生产管理循环。MRPⅡ不仅用来计算物料需求量和需求时间,而且可以进行生产监控,完成物料供应、产品生产、营销管理和财务管理。

(3)ERP系统

ERP系统即企业资源计划(Enterprise Resource Planning,ERP),是吸收了供应链的管理思想和敏捷制造技术,使供应链在采购、生产、销售各环节的资源无间断地集成。ERP为生产管理专业化提供了工具,能正确预测所需材料,防止缺货,减少半成品库存。此外,ERP还能发挥计划和控制作用,采用库存循环盘点,保持了库存记录的准确性,解决了生产管理方面数据不准的问题。ERP可以计算一个产品族所有子项的现有库存成本、需求量的成本、预计入库量的成本,从而将存货储存成本保持在最低水平。

特别是供应链的网络化,使得ERP能够通过对企业物流、信息流、资金流的控制,从采购原材料开始,到制成产品,最后由销售网络把产品送到消费者手中的将供应商、企业、分销商、零售商直到最终用户连成一个整体的功能网络结构模式。经济订货(生产)量的基本模型已被彻底淘汰。

2.适时生产系统对经济订货(生产)量基本模型之否定

适时生产系统(Just—In—TimeSystem)是以高科技为基础的。它与传统生产系统的不同在于传统生产系统是一种生产程序由前向后的推动式生产系统,其生产过程是:原材料仓库→第一生产步骤→第一生产步骤半成品库→第二生产步骤→第二生产步骤半成品库→……→最后生产步骤→产成品库→产成品对外发运销售。由此可见,传统的推动式生产系统是前面生产步骤居于主导地位,后面生产步骤只是被动地接受前一生产步骤转移下来的加工对象,继续完成其未了的加工步骤。推行这种生产系统,在生产的各个环节极有可能形成原材料、在产品、半成品、产成品的大量积压,因此,有可能采用经济订货(生产)量基本模型确定经济订货(生产)批量,以使存货相关总成本最低。

适时生产系统则与此相反,它是采取由后向前的拉动式生产系统,企业要以顾客订单提出的有关产品数量、质量和交货时间等特定要求作为组织生产的基本出发点,即以最终满足顾客需求为起点,由后向前逐渐步推移,来全面安排生产任务。在这种新的生产系统中,前、后生产步骤中的主、客位置就正好颠倒过来了:它是由后面的生产步骤为主导,前面的生产步骤只能被动同时极为严格地按时、按质、按量地完成后面生产步骤所提出的生产任务。这一新的生产系统,之所以称为适时生产系统,即要求企业供、产、销的各个环节尽可能实现"零存货"。也就是说,原材料、外购零部件的供应能"适时"到达生产现场,而无需建立原材料、外购件的库存准备;生产的各个环节紧密地协调配合,前一生产步骤按后一生产步骤提出的加工要求,保质、保量地生产在产品或半成品,并"适时"地送达后一生产步骤,而无需建立半成品的库存储备;在销售阶段,要将已生产出来的产成品保质、保量地"适时"送到顾客手中,而无需建立产成品库存储备。由此可见,适时生产系统的目标是实现"零存货",也就不存在经济订货(生产)量及再订货点问题。

综上可知,存货决策应根据企业的不同类型、不同的生产环境和不同的生产技术水平,采用不同的决策方法。

第六章　现代经济管理与会计实践的融合发展研究

第一节　现代经济管理与会计实践的应用和发展

现代经济管理要求企业能够适应现代市场的经济变化,随着现代企业的不断完善和企业改革的不断深入,管理会计已经成为经济管理的重要部分。如何为企业管理提供更为全方位的信息和服务,如何在原有监督职能的情况下凸显管理会计的管理职能和意义,是现代经济管理对企业管理提出的新要求。

在宏观经济政策和企业经营管理实践中,单纯的会计已不能适应新的经济管理对企业生产经营活动的规划和信息系统的控制。管理会计是现代管理科学的基础,是将管理与会计两个科学紧密联系起来的,在对企业产生经营活动和对市场信息的获取上具有很好的指导和控制作用,提高经济效益。在现代经济管理方式下,企业的管理会计为协调指导与控制,协调统计信息与决策能力,提高内部会计管理和企业经济效益提供了计量和评价绩效,在企业管理中发挥着十分重要的作用。

一、管理会计的创立和发展时期

管理会计的创立主要来自企业的管理思想,这种思想是将管理理论和方法与现代会计制度。结合,成为企业和管理会计方法和理论的基础,是现代企业管理运筹学和行为科学的两大支撑。因此,管理会计不仅体现管理科学的分析、解释、理性与量化,将会计问题在管理方法的过程中得到解决,而且充分体现行为科学性。从现代社会的企业管理角度,企业的行为科学主要体现在企业由原来对企业内部事务的严格管理转变为对人的管理,以人的发展为中心,将人的需要和产业集团组织行为、激励上升到社会学的视角。

会计行业的扩张是在现代经济环境下不断变化的过程,尤其是与管理学的结合,从这一层面上,会计工作已不再是以往单纯的核算、审计、报表等的简单会计。现代企业为了追求效益的最大化和管理的高效性促成了管理会计的产生,事实证明管理会计不仅具有传统会计领域的基本职能,而且兼顾管理学和行为学的优势,具有广泛深远的发展前景和专业领域,是一个全新的会计行为。

二、现代经济时代,建立健全社会主义市场经济会计模式

我国国家的会计模式能够反映出我国的经济状况和经济发展模式,受经济理论的影响不同国家都会根据本国不同的经济模式制定不同的会计模式,以保证国家能保持对宏观经济的调控和监督。

我国应尽快调整经济产业格局,转换经济发展模式,提高企业的管理水平,转变管理思想,同时实现会计模式的创氏和完善。社会主义市场经济会计模式是深化体制改革和适应市场经济发展,建立和完善我国会计管理制度和现代企业制度的核心。突破会计行业局限性、组织和经济界限,与企业的管理结合起来。不仅能够提高企业的会计能力,而且促进企业的现代化和充分发挥市场优势,高效地实现企业内部的财务管理、业务管理和制度管理,提高经济效益。管理会计是我国社会主义市场经济会计的一种发展形式,与财务会计、审计形成了鼎力的局面。它的形成是融合了可持续发展的战略思想和协调发展的经济思想,将管理学与会计学有效结合,是我国现有经济体制转变和发展的体现。对发挥市场经济制度具有十分重要的意义。

三、现代经济时代下,企业管理会计的发展和应用

管理会计的观念是企业成长能力和投资者利益分配情况决定的,包

括衡量和管理企业的价值,也是管理企业更新观念的必要条件。管理会计的观念主要包括市场观念、企业的整体观念、动态管理观念、战略管理观念。企业的管理会计的发展应从转变观念开始,尤其是进入信息时代后,如何把握信息和处理反馈信息在经济环境变化的今天尤为重要,随着市场竞争的不断加大和日益激烈,企业的管理模式越来越重要。管理会计应根据市场需求的变化及时作出调整,改变传统观念。因此,需要更新的方面具体包括以下内容。

(一)企业整体观念的改变

能够帮助管理会计从整体上分析和把握企业的日常管理活动,能够协调企业内部的运作,统一企业内部的目标,减少企业内部会计职能的失调。因此,管理会计需要树立整体观念,及时调整管理与会计的协调合作。

(二)战略管理观念

是战略的管理会计适应竞争日益激烈的市场经济和全球性市场,战略的管理会计可以看做是一种方法和模式,将会计和管理从宏观角度结合,使企业的管理和会计业务更好地适应企业的日常经营。

(三)市场观念的改变

是企业适应现阶段经济时代发展的重要观念。现代经济时代下,如何能够正确把握市场信息、经济环境变化和处理反馈信息的速度是电力企业在经济市场日益激烈取得优势的关键。

(四)动态的管理理念

是管理会计作为规划、控制系统以及决策支持的管理的需要。建立动态管理就是根据企业内部组织管理的变化以及外部市场经济环境的变化做出调整,通过对心理和管理的不断分析、处理和决策,在动态中找到合理的管理策略,21世纪的管理会计将是随着经济社会主题变化而变化的,通过数据的整理分析、财务信息和市场动态数据的管理分析确定会计业务,产生一种多元化的管理会计信息。将管理学与会计紧密结合起来,能够更好地适应现代经济时代下日益激烈竞争市场,为企业的市场估计、风险评估、成本管理提供了一种新的途径。对企业而言,对企业内部制度管理、人员管理和成本管理都有非常重要的应用和发展。

第二节　现代经济管理与企业财务会计实践的融合发展

随着经济的快速发展,在新的经济形势下对企业的发展提出了全新的要求,财务会计和管理会计都是经济发展背景下的产物,二者之间相互联系又有所不同,只有二者相互配合才能在新经济形势下稳定有效地推动企业的发展。

由于经济的快速发展,市场化经济的环境也越来越复杂,企业面临着全新的挑战,对内部的管理也提出了更高的要求,所以,若想要企业的稳定发展适应市场经济,就必须进行企业转型,将财务会计和管理会计进行融合,保障企业的经济效益。

一、财务会计与管理会计

(一)财务会计

财务会计又称为对外报告会计,是工作人员按照企业规定、会计准则和国家的法律法规等要求,对企业已经完成的资金流动进行全面的系统的监督和核算,以外部和企业有经济关联的投资人和债权人以及政府有关部门提供企业的财务状况、经营成果和资金流量等经济信息为主要内容而进行的经济管理活动。现代企业中一项重要的基础设施就是财务会计,对企业的;资金和债务关系进行核算和管理,也是外部人员了解企业实力和形式的主要途径。

(二)管理会计

管理会计又称为对内报告会计,是区别于财务会计的部门,主要职能是为企业进行决策最优分析,改善不利于企业发展的经营模式,提高经济效益。是企业会计系统中分离出来的相对独立的分支。服务于企业的决策、经营、管理,进行可行性分析的部门,对企业的可持续发展提供指导方向。

二、财务会计与管理会计的关系

(一)二者存在差异性

财务会计和管理会计虽然同属于会计系统,但既然分离出来进行区别,就一定存在着差异性。具体来说,差异性主要是内容和特征的不同。

内容上,财务会计主要管理范围在财务信息上,针对财务信息的准确性和有效性,为与企业有经济利益关系的外部机构和人员提供服务;管理会计则是为企业内部进行服务,为企业领导提供决策建议和参考数据的。

特征上,财务会计在特征上必须要求信息的准确真实、管理核算的严格;管理会计在特征上要求,决策要有全局观,管理要具有灵活性。

特征和职能的不同就反映出财务会计与管理会计之间存在着差异性。

(二)二者存在联系性

财务会计和管理会计从总体上来说,都在会计系统的范畴之内,都要根据企业的实际情况进行分析进行汇报,都具有保障企业的可持续发展,对企业进行监管的作用,这是财务会计和管理会计在工作对象上的一致性。其次是信息资源的相同性,获取信息的来源都使来自同一企业,通过企业的经营和活动对相关数据进行分析和整理,从不同的方面入手进行报告,发挥不同的职能,但最终目标都是服务于企业。虽然财务会计和管理会计在企业中是两个相对独立的部门,但在核心上有着密切的联系,二者之间相互配合可以极大地提高工作效率,推动企业经济发展。两个不同部门的工作人员要加强彼此之间的交流和配合,增加工作默契程度,减少企业因为不确定因素受到的影响,财务会计与管理会计之间的联系性是二者进行融合的前提,通过科学合理的分析,寻找最佳的切入点,进行优势互补,发挥出两个会计部门最大的工作效益。

三、财务会计与管理会计的融合策略

(一)完善会计制度

无论是财务会计还是管理会计,在进行工作时都需要制度的保障,要遵循企业规定的要求,财务会计与管理会计的融合发展过程中,最为基础的内容应该是会计制度的建设,只有合理的会计制度才能完善管理会计与财务会计的融合发展,因此,企业在内部会计制度的建立和管理中,必须结合自身的实际发展情况、明确企业发展的目标以及新经济形势下经济市场的发展前景进行会计制度的构建,对岗位人员职能的划分一定要明确,对于企业内部财务会计与管理会计制度的建设还要有相关的监督部门或是监督机制,确保制度不会成为摆设,在会计制度建立中,需要注意两项内容,其二是充分的发挥管理会计的功能,避免企业领导将管理会计与财务会计人员以及职能混淆,对管理会计的资源进行合理的配置,从而为企业在决策和发展中提供更为精准的信息,其次是财务会计与管理会计的融合发展必须明确各个部门之间的职责,融合发展不是混合发展过程中,最为基础的内容应该是会计制度的建设,只有合理的会计制度才能完善管理会计与财务会计的融合发展,因此,企业在内部会计制度的建立和管理中,必须结合自身的实际发展情况、明确企业发展的目标以及新经济形势下经济市场的发展前景进行会计制度的构建,对岗位人员职能的划分一定要明确,对于企业内部财务会计与管理会计制度的建设还要有相关的监督部门或是监督机制,确保制度不会成为摆设,在会计制度建立中,需要注意两项内容,其二是充分地发挥管理会计的功能,避免企业领导将管理会计与财务会计人员以及职能混淆,对管理会计的资源进行合理的配置,从而为企业在决策和发展中提供更为精准的信息,其次是财务会计与管理会计的融合发展必须明确各个部门之间的职责,融合发展不是混合发展,明确各自之间的自责,从而相互协助相互制衡才是新经济形势下的企业财务会计与管理会计融合发展的目的。建立好科学的会计制度,明确员工的职能和责任,落实全面责任制,保证财务会计和管理会计有目标进行融合,从而达到能提供出地企业最有效的信息,促进企业经济发展。

(二)树立正确的会计观念

为了实现财务会计与管理会计之间的相互融合,必须在企业内部建立完善、健全、合理、科学的会计观念。新经济形势下的很多企业对内部的会计职能认识不足,进行区别性独立性对待,为了改善当前现状,企业需要及时地对会计人员进行素质培养和思想教育,为其树立正确的会计观念,从本质上认识到会计工作的重要性和会计工作的职能,财务会计和管理会计的融合才能保证工作质量和效率,确保财务信息的准确性,对企业的发展发挥重要作用。

(三)加强理论研究

对于管理会计的研究,目前主要是借鉴西方先进的思想,例如平衡计分卡、作业管理法等方式,我国现阶段处于转型升级的关键时期,面临的内外部环境差异比较大,所以要立足于实际情况,加大对理论的研究,才能更好地进行指导。在新经济形势下,企业面临的挑战和机遇并存,要提高自身的竞争意识,才能不断增强综合实力,抓住发展的大好机会。根据大部分企业的特征,及时总结、梳理管理会计实践经验,为普遍的推广应用提供正确的示范。政府相关部门要出台相应的法律法规,为企业发展提供制度保障,创建出稳定的发展环境。

(四)转变管理理念

当前,企业的会计部门存在着重核算轻管理的现象,会计人员将工作的重点放在了财务的报告和核算上,忽略了对财务信息和企业内部的管理,导致职能不全面,决策不科学合理。所以,转变管理理念是财务会计与管理会计的相互融合的必要要求,在严格要求财务信息的准确时也要重视管理工作,妥善安排好会计的各项事务,规定时间规定要求,利用管理会计进行监督和管控,发挥管理会计的决策作用,在维护企业经营活动的同时,提高企业内部的决策效率。新经济形势下的市场环境日益变化,企业要做好应对各种变化的准备,在管理中要有发展的理念去看待问题,在原有的会计制度上进行完善,提高企业管理水平。

(五)加强会计人员的培训工作

会计人员的职业素养和专业能力决定着会计工作的质量和效率,为了保证财务会计和管理会计的高度融合,对会计人员的培训至关重要。定期开展会计人员的业务培训工作,提升会计人员的工作能力;加强相关法律法规的培训工作,为会计人员树立正确的思想观念和工作理念;增加会计工作的奖罚制度,使会计人员在工作时更认真仔细,投入更多的工作热情。这样才能保证财务会计和管理会计融合后能够有效地进行会计工作,带领企业的发展。

在新经济形势下,我国企业实行财务会计与管理会计融合的决策已经成为一项十分重要的要求和举措,企业为了适应迅速发展的市场经济亟须转变传统的理念,将财务会计和管理会计进行融合,以确保企业能够实现可持续发展,维护企业经济稳定。

参考文献

[1]黎兆跂.现代企业经济管理与财务会计创新[M].延吉:延边大学出版社,2023.

[2]刘秀霞,李敏,窦素花.经济管理与会计实践创新研究[M].哈尔滨:哈尔滨出版社,2023.

[3]吴金梅,秦静,马维宏.经济管理与会计实践创新研究[M].延边:延边大学出版社,2022.

[4]赵健梅,邢颖.管理会计学 第 4 版[M].北京:北京交通大学出版社,2022.

[5]孙述威.管理会计[M].北京:北京理工大学出版社,2021.

[6]邹丽,伍丽雅.管理会计[M].重庆:重庆大学出版社,2020.

[7]李冰,张显瑞.管理会计[M].长春:吉林人民出版社,2020.

[8]王道平,李春梅,房德山.企业经济管理与会计实践创新[M].长春:吉林人民出版社,2020.

[9]陈兴述,李勇,陈祥碧.管理会计第 2 版[M].北京:高等教育出版社,2019.

[10]朱红波,叶维璇.管理会计[M].北京:北京理工大学出版社,2019.

[11]张晓雁,秦国华.管理会计[M].厦门:厦门大学出版社,2019.

[12]牛彦秀.管理会计[M].上海:上海财经大学出版社,2019.

[13]张先治.高级财务管理 第 4 版[M].沈阳:东北财经大学出版社,2018.

[14]周航.管理会计 第 3 版[M].北京:科学出版社,2018.

[15]李冬辉.基础会计[M].北京:中国铁道出版社,2018.

[16]王振海.管理会计 第 2 版[M].北京:北京理工大学出版社,2018.

[17]樊千.会计学[M].北京:科学出版社,2018.

[18]桂良军,俞宏.会计学[M].北京:清华大学出版社,2018.

[19]李天民.现代管理会计学[M].上海:立信会计出版社,2018.

[20]王华.管理会计[M].北京:经济管理出版社,2018.

[21]周瑜,申大方.管理会计[M].北京:北京理工大学出版社,2018.

[22]肖康元.管理会计[M].上海:上海交通大学出版社,2018.

[23]高翠莲.管理会计基础[M].北京:高等教育出版社,2018.

[24]张振和,刘鹏.管理会计[M].上海:立信会计出版社,2018.

[25]蔡维灿.管理会计[M].北京:北京理工大学出版社,2018.

[26]曹海敏,朱传华.管理会计学[M].北京:北京交通大学出版社,2018.

[27]张学英,郭超.管理会计[M].西安:西北工业大学出版社,2018.

[28]周倩,李大伟.管理会计[M].开封:河南大学出版社,2018.

[29]陈建明.经济管理与会计实践创新[M].成都:电子科技大学出版社,2017.

[30]李跃平,卢欢,朱丽娜.管理会计[M].北京:中国人民大学出版社,2017.

[31]刘继伟,于树彬,甘永生.管理会计 第 4 版[M].北京:高等教育出版社,2014.